団地の時代

原武史　重松清

新潮選書

団地の時代　目次

団地と鉄道マップ・首都圏

蓮田
上尾
西上尾第一団地・第二団地
坂戸
16
岩槻IC
254
鶴ヶ島IC
鶴ヶ島JCT
122
東北自動車道
407
川越線
本川越
16
川越
大宮
高麗川
圏央道
川越IC
浦和IC
17
八高線
西武新宿線
関越自動車道
463
荒川
武蔵野線
ふじみ野
463
川口JCT
狭山市
東飯能
254
プラザシティ
新所沢けやき通り
(旧・新所沢団地)
芝園団地
17
入間市
東武東上線
蕨
東北本線
東北・上越新幹線
埼京線
美女木JCT
所沢IC
298
新所沢
グリーンタウン美住
(旧・久米川団地)
和光北IC
463
西武池袋線
16
都営三田線
和光市
東久留米
団地
狭山湖
所沢
和光IC
高島平団地
赤羽
西武球場前
ひばりヶ丘
光が丘団地
赤羽台団地
多摩湖
滝山団地
東久留米
大泉JCT
練馬IC
東京メトロ副都心線
小平
花小金井
西武池袋線
豊島園
都営村山団地
上北台
ひばりが丘
団地
池袋
都営大江戸線→
拝島
西武拝島線
玉川上水
一橋学園
小平団地
西武新宿線
高田馬場
山手線
三鷹
吉祥寺
国分寺
立川
中央本線
京王井の頭線
新宿
西武新宿
武蔵野緑町パークタウン
(旧・武蔵野緑町団地)
多摩平団地
20
中央自動車道
府中
芦花公園
高井戸IC
京王線
八王子IC
20
246
国立府中IC
府中本町
調布IC
東京テラス
下北沢
池ノ上
渋谷
八王子
豊田
是政
調布
稲城IC
祖師ヶ谷大蔵
小田急線
多摩動物
公園
京王永山・
小田急永山
新百合ヶ丘
サンラフレ百合ヶ丘
(旧・百合ヶ丘団地)
マスタービュー・
レジデンス
五反田
品川
目黒
多摩センター
諏訪団地
東京IC
16
南大沢
唐木田
永山団地
登戸
東名高速道路
自由が丘
多摩
ニュータウン
1
大井町
武蔵溝ノ口
橋本
横浜線
鶴川団地
鶴川
たまプラーザ
団地
東名川崎IC
南武線
横須賀線
東海道本線
藤の台団地
こどもの国
公社桜台
団地
たまプラーザ
246
武蔵小杉
蒲田
町田山崎団地
玉川学園前
東名高速道路
東急東横線
東海道新幹線
多摩川
16
東急田園都市線
田園青葉台団地
横浜青葉IC
青葉台
川崎
町田
長津田
N
0
5km

地図制作：アトリエ・プラン

団地と鉄道マップ・名古屋（上）、大阪圏（下）

団地の時代

The era of Danchi

原武史（はら・たけし）
1962（昭和37）年、東京都生まれ。幼少年時代をひばりが丘団地（西東京市、東久留米市）、久米川団地（東村山市）、滝山団地（東久留米市）と西武沿線の団地で送り、滝山団地時代の経験を『滝山コミューン一九七四』（講談社）に著す。その後、神奈川県の田園青葉台団地（横浜市青葉区）に転居。現在は同じ青葉区内の一戸建てに居住。

重松清（しげまつ・きよし）
1963（昭和38）年、岡山県生まれ。父親が運送会社勤務のため幼少年時代を大阪市、名古屋市、米子市、山口市などで過ごし、大学進学のため上京。以後、早稲田（新宿区）、国立（国立市）、めじろ台（八王子市）などに住み、現在は世田谷区内の一戸建てに居住。『定年ゴジラ』『トワイライト』『希望ヶ丘の人びと』など、ニュータウンや団地を舞台にした小説も多い。

まえがき

重松　清

原武史さんの著書『滝山コミューン一九七四』を初めて読んだのは、二〇〇七年の春だった。その時の胸の震えは、丸三年たったいまも忘れられない。原さんとは同じ学年である。東京の団地と地方都市の社宅という違いはあっても――いや、その風景の大きな違いがあるからこそよけいに、ああ、俺たちは同じ時代に生きて、同じぐらいに「みんな」が苦手な少年だったんだなあ、という思いが胸の奥深くを強く揺さぶった。そして、その少年期の物語を四十代半ばになって描いた原さんの姿勢に、重い苦みとせつない甘酸っぱさの入り交じる日々に正面から向き合った覚悟に、共感や尊敬を超えた嫉妬すら抱いたのだった。

同書に導かれるようにして、僕たちは二〇〇九年の夏から長い対話を繰り返した。原さんの生きてきた世界――団地の風景や手ざわりについて、それを知らない重松をカウンターパートナーとしてたどり直しながら、団地の過去・現在・未来を探ろうという試みである。

ただし、言葉のキャッチボールと呼ぶには、あまりにも聞き手が拙すぎる。原武史クンが「ひとつ面倒見てやってくれよ」と担任の教師（本書の場合なら、新潮選書編集部の中島輝尚さんである）に頼み込まれて、デキが悪くて追試をくらった同級生の重松清クンに勉強を教えてやっているという構図が、最も当たっているかもしれない。おまけに、この生徒はなにごとにつけても乱暴で大ざっぱである（僕たちが小学六年生の時に出会っていたら、きっと友だちにはなっていていなかっただろう）。イレギュラーバウンドばかりの対話に辛抱強く付き合っていただいた原さんには、心から感謝している。とはいえ、ラグビーだってサッカーだって野球だって、イレギュラーバウンドがあるからこそ面白くなる。さまざまな面で畑違いの二人が交わした言葉が転がっていった先に、いままでとはひと味違った団地の姿が見えてくるといいな、と願っている。

対話はつごう四回おこなわれたが、巻頭にはプロローグとして、二〇〇八年に明治学院大学でおこなった対話を置いてある。公開対談ということで語り口はその後の対話とは微妙に異なっているし、「団地」というテーマからも若干はずれているが、『滝山コミューン一九七四』の概説代わりに収録した。このプロローグを巻頭に置くことで、「みんな」の一語に象徴される共同性に対する重松の嫌悪感が、原さんのレクチャーによって少しずつほぐされていく過程をも読み取っていただけるかもしれない。そしてそれが、大きく風呂敷を広げるなら「『みんな』と『私』の戦後史」とでも言うべきものに補助線を引くことになっていてくれれば、とてもうれしい。

前置きはおしまい。ほら、そこ、おしゃべりやめなさい、授業始まってるぞ——原武史クンは、とっくに席に着いて、教科書とノートを開いているのである。

対話のまえに

重松清はなぜ『滝山コミューン一九七四』に嫉妬したのか

（二〇〇八年十二月二日、明治学院大学での公開セミナー「『政治思想』の現在」から）

〈みんな〉対〈私〉の物語

原　じつは私と重松さんは同学年です。生まれたのは私が一九六二年、重松さんが六三年ですが、重松さんは六三年の早生まれ（三月）なので、そうなるのです。だから重松さんと私の間にはかなり多くの世代的な共通体験というものがあって、それが重松さんの多くの作品に反映しているし、拙著『滝山コミューン一九七四』（講談社、二〇〇七年。講談社文庫より二〇一〇年六月刊行予定）にも、当然反映しているということになります。

重松さんと最初にお会いしたのは、この拙著のもとになる原稿を仕上げた直後で、『群像』（講談社）という文芸誌で対談をさせていただきました。もともと『群像』に連載された「滝山コミューン…」を加筆修正し、本にまとめるにあたって、『群像』編集部の方に「どなたか対談したい人はいますか」と聞かれて、私は迷わず、重松さんのお名前を挙げたんです。というのは、重松さんのいくつかの小説で描かれている世界と、私が書いた本のテーマの間には、かなり響き合うものがあると感じていたからです。しかも拙著の最後は、重松さんの小説の引用で終わっているんです。「小学校が廃校になるような団地だ。いまでもたまにしか聞こえない子どもたちの甲高い声は、あと数年のうちに消えてしまうだろう。老人だけが残る。そして、その姿もやがて消えうせて……ふるさとは、廃墟になる。」（『トワイライト』文藝春秋、二〇〇二年）――そういう縁があってお目にかかり、そして今年（二〇〇八年）、この本が講談社ノンフィクション賞をいただいたんですけれども、その受賞についても、重松さんは選考委員のお一人として関わっていらっしゃったということもあります。

今日は重松さんが、この拙著をめぐるお話をしてくださるということですので、まずはそのあたりのところからお願いいいたします。

重松　僕は最初、原さんという人を『鉄道ひとつばなし』(講談社現代新書、二〇〇三年)などの鉄道エッセイで知って、「鉄ちゃんだ」と思って親近感を抱いたんです、じつは僕も鉄ちゃんの端くれなので。それで、最初に原さんについてものを書いたのは、『情熱大陸』(毎日放送)というテレビのドキュメンタリー番組に原さんが登場した時です。僕は『情熱大陸』のホームページで「その月一番面白かった回」というテーマでエッセイを連載してるんですけど、原さんの回が本当に面白くてね。ゼミの旅行か何かで、明治学院大学の学生たちを連れて電車に乗ってるんだけど、原さん一人ではしゃいでるわけです。「あっちに見えたトンネルが今度はこっちに見えるぞ！」とか言うんだけど、学生は「はぁ？」っていう感じで見ている。なんて寂しい人なんだろうと思ってました(笑)。それから原さんの本をたくさん読むようになって、『滝山コミューン……』に出会ったわけです。

この『滝山コミューン一九七四』という本は、一九六二年に生まれた原武史クンという少年が小学六年生だった一九七四年を中心にした数年間が物語の舞台になっています。ここに描かれているさまざまな問題、さまざまなモチーフというものは、もちろん一九七四年に急に出てきたものではないし、その年に終わったものでもない。じつは二〇〇八年の今にも大きな影響を与えています。言わば現役バリバリの問題意識が描かれている。懐かしい時代を描きながら懐かしさで終わらず、切れば血の出るような生々しさを保ちながら、ただの告発や韜晦には終わらない距離感もきちんとある。しかも、これは原さんご自身にとっては必ずしも本意ではないのかもしれませんが、僕はこの本を優れた「文学」としても受け止めて、深く感動したんです。

確かにこの本には一九七〇年代前半の教育現場における左翼的な思想――全生研（全国生活指導研究協議会）などの問題とか、いま原さんが『考える人』（新潮社）で連載されている「レッドアローとスターハウス」という評論にも出てくるような、西武沿線と共産党との関係とか、政治や戦後史に関わることが描かれているんだけれど、今日この会場にいるような若い人が読む時には、そういうことはひとまず脇に置いておいてかまわないんだ、とあえて申し上げます。

若い人に『滝山コミューン…』で読んでほしいのは、同じ学校の〈仲間〉や〈僕たち〉、つまり〈みんな〉というものに入らない、入れない、あるいは飛び出した〈僕〉や〈私〉というものが、〈みんな〉と対決し、時には〈みんな〉と正面から立ち向かい、時には〈みんな〉の力に負けて排除されながら、時には〈みんな〉と一緒にいることも不思議と気持ちいいっていうことも率直に描かれていること。その〈みんな〉と〈私〉――もっと文学っぽく言っちゃえば、〈共同体〉と〈私〉でもいいのかもしれないけど、小学生にとって学校というのは大きな世界なわけで、その学校という世界が大きな津波のように押し寄せてきて、それに流されて気持ちよさを感じる子もたくさんいる。しかし原武史少年は、どうしても納得がいかない。どうしても乗りきれない。そうなると一人で津波と闘うしかない。その一年間の闘いの記録がこの本に描かれているというところです。僕は小説を書いていますから、初めて読んだ時に、これを原案としていただいて、小説にしたいなと思ったんです。あるいは、山本直樹さんとかが漫画にしたら、若い人もすごく「わかる！」って思うんじゃないかと考えて、嫉妬しました。

僕は原さんのご専門である政治思想のことはまったくの素人ですが、それでも僕は〈みんな〉と〈私〉の闘いに関しては、自分自身のことも含めて真剣に見ていきたいし、読んでいきたいし、書いていきたい人間なんです。その僕から見て、ここまで嫉妬させられたという意味では、今まで初めてかもしれないぐらいの本です。若い人だけではなく、会社という共同体の中で居場所を作ってこられて、いま定年を迎えてこれからは地元で共同体を作っていかなければならない世代の皆さんにも、ここで描かれている〈みんな〉と〈私〉の衝突、葛藤というのは読みごたえがあると思います。特に団塊の世代の方は、僕たちが小学校時代に経験してきた時代背景も充分ご存知のはずですから、そういう面白さもあるんじゃないかと思います。

とにかく僕は、「〈みんな〉対〈私〉の物語」だったというふうに読んだわけですが、間違っているでしょうか（笑）。

原　いや、そんなことはありません。ちょっと本題からずれますけれど、前回、この公開セミナーにお招きした作家の桐野夏生さんと話した際、桐野さんの口からも「原さんは鉄道おたくですから」という言葉を確か三回ぐらい聞いたと思います。今日もまた重松さんから「鉄ちゃん」と言われてしまった。そう言われると、悲しいけど否定はできないんですね。だからいっそのこと、アカデミズムから足を洗って、鉄道ライターとして生きていった方がいいんじゃないかと思いました（笑）。それはともかく、重松さんのようなプロ中のプロの作家から過分なお褒めの言葉をいただけたというだけで、もう天にも昇るような気持ちになりました。

学校という空間が持つ同調圧力

重松　「鉄ちゃん」のことを少し本題に重ねると、一九六〇年代の前半に生まれた僕たちの世代にとって、鉄道って大きいんですよ。新幹線が開通していく一方でＳＬが消えていったり、ローカル線が廃止されたり、古いものが新しいものに置き換わっていった。あるいは国鉄というものの組織的な金属疲労みたいなものもどんどん表に出てきた、そういう時代だった。つい先月（二〇〇八年十一月）いっぱいで新幹線の０《ゼロ》系が通常運転をやめたんだけど、あの０系という鼻の頭の丸い車両は、僕が保育園に行ってる頃のお弁当箱のデザインにもなったりしてね、憧れだったんだ。子供だけじゃなくて、大学生もまだ自分の車で旅行するというほどお金持ちではなく、北海道では「カニ族」なんていって、カニの甲羅のような大きなリュックサックを背負って、夜行列車の通路を横歩きしながら旅をするのが流行ったり、鉄道と、若者あるいは子供たちの距離が近かった。だから、幼い子供が将来の夢を聞かれると、「電車の運転手さん」というふうに普通に答えていた時代です。『滝山コミューン…』でも、小学校で〈みんな〉と対立した原少年の唯一の救いの時間は、塾に通う時に乗る電車でした。

もう一つ大切な乗り物は、自転車です。『滝山コミューン…』をお読みになった方はわかると思うんですけれど、友達と一緒に担任の三浦先生の家に自転車を連ねて行く小学校五年生の時の

新幹線0系電車は1964（昭和39）年の東海道新幹線開通時から活躍し、後年は山陽新幹線のみの運転となった。写真は1999（平成11）年9月で東海道新幹線から引退した0系車両の臨時列車。名古屋駅にて。写真提供＝毎日新聞社

場面がじつに美しく描かれている。これは本当に少年らしい幸福感にあふれているわけです。その原少年が六年生になって再び自転車に乗って遠出をした時には、多磨全生園（ハンセン病国立療養所、東京都東村山市）などの、団地の外の世界を知ることができた。そういう、団地や学校の世界からの出口を自転車や鉄道というものが用意してくれた。初めて自転車に乗れるようになった時って、一気に世界が広がりますよね。この「世界が広がる」というのは、自分が今いる世界に息苦しさを感じている人間にとっては、すごく大きな救いになっていたと思うんです。原さんが住んでいた滝山団地（東久留米市）というのは、最寄りの駅からは歩けないんですよね。

原　歩くには遠いですね。西武新宿線の花小金井や西武池袋線の東久留米などから、西武バスに乗るしかない。

重松　バスしかない、寄り道もできない、回り道もできないという隔絶された中で、自転車によって開けられた風穴って大きかったんじゃないですか？

原　そうですね。今、重松さんがお話しになったことは、確か、『娘に語るお父さんの歴史』（ちくまプリマー新書、二〇〇六年）の中で触れられていますよね。父親が娘に戦後史をわかりやすく語り聞かせるこの本を拝読していてよくわかったのは、拙著の話ともつながってくるんですけど、学校という空間につきまとう同調圧力ですよね。戦後の小学校一般に共通する空間がもたらしている空気、つまり「普通」からずれてしまうことに対する恐怖感を語っている部分に、すごく共感したんです。

重松　僕たちの小学校時代が戦後でも一番、授業時間が長かったんだよね。学習指導要領に定められた取得単位数が多かった。あと、給食の総カロリー数も一番高かったんです。要するに学校給食で栄養を補給しろという時代で、僕たちのあたりから肥満児というのが問題になって、それからはカロリーオフの流れになったんだけど、僕たちは学校で栄養を補給していた時代だった。

ふるさとをお金で買ったニュータウン

重松　それで、「団地」というキーワードが出たから言っておくと、ニュータウンも含めて、いわゆる郊外に住むってことはそもそも、イギリスでもアメリカでもそうなんだけど、都心部の環境悪化が大前提ですよね。都心の市街地の環境が悪化して、子育てをするにも良くないとなれば、もっと緑豊かな自然のある広いところで子供たちを育てる、働く人たちもそこで人間性を回復するという。あのね、今日はちょっと勉強してきたんだけど、僕が生まれて原さんが一歳になった一九六三年に、ニュータウンを作るために必要な「新住宅市街地開発法」という法律が整備されたんです。その基本方針というのは、こういう表現をしてあるのね――「この法律は（略）健全な住宅市街地の開発及び住宅に困窮する国民のための居住環境の良好な相当規模の住宅地の供給を図り、もつて国民生活の安定に寄与することを目的とする」。ここにある「居住環境の良好な」というのが、おそらく高度成長期以降、今日に至るまでの、ある種の幸せの基準になってると思うんだよね。

今でも、例えばマンションなんかの広告を見てると、「環境がいい街にあるマンション」というような形で出てくる。もう一つは「教育環境」ですね。小学校まで徒歩何分とかっていう表現があって、それが謳い文句になっていたりする。子供の教育環境のために郊外に引っ越すという発想は、六〇年代ぐらいから今日に至るまでずっとあったと思うんです。

でも、この「環境」というのは厄介なもので、ハコモノとして与えられるだけではないんですね。「居住環境の良好な」街やマンションに暮らす人々もまた、「環境」のパーツとなる。セレブなバーに来る客は、ファッションでも酒の飲み方でも、自分たちの姿もセレブな店の演出として使われていることを意識せざるを得ませんよね。その暗黙のルールを破る場違いな客は排除されてしまう。それと同じように、「居住環境の良好な」街やマンションの住民は、その「環境」を乱すことがあってはならないわけです。そこに、先ほど原さんがおっしゃった「普通」というものが出てくるのではないでしょうか。つまり、「普通」ではない存在は、せっかくわれわれが保持している「環境」を乱すものだから排除せよ、と。それは「教育環境」としての学校でも同じような気がします。

原　そうかもしれないですね。学校における同調圧力というのは、さかのぼれば明治以来の天皇制教育に行き着くのでしょうが、戦後もある時期から急速に強まってくる。具体的に言えば、郊外が新たに開発されて、団地やニュータウンができていく時期に当たるわけです。そうすると、同調圧力が強まっていくのは、学校という、限られた年齢層だけが集まる社会だけではなくて、地域全体が異質なものを排除していくような構造が少しずつできあがっていく。

重松さんの小説を読んですごいなと思うのは、そこなんです。ニュータウンが重松さんの小説の中でかなり重要な部分を占めているということはたぶん間違いないですね。重松さんの小説を読んでいると、ニュータウンができていくことによって、小学生とか中学生だけじゃなく、そこに住んでいるすべての人が同質性や同調性を求められるような社会に組み込まれていくことの恐怖感が、例えば「カラス」(『見張り塔からずっと』所収、新潮文庫)という短い小説などにじつに鮮やかに描かれている。そういうところに私はすごく共感したんです。

重松　ニュータウンというのは、日本の歴史が始まって以来初めてかもしれないけど、お金でふるさとを買ったわけです。それこそ、頭金があと五〇〇万あればもうちょっと都心に近い駅だったなとか、あと一〇〇〇万あれば駅から徒歩圏内だったとかいうような、まずは値段ですよね。値段による同質性とか均質性が作られていく。

僕は一九八七年、ちょうどバブルで土地の値段が一番上がった時に多摩ニュータウンで塾の先生をやっていたんです。多摩ニュータウンは確かその少し前が就学生徒・児童数のピークで、入居倍率も高かった。そうなると徒歩圏内の団地はウン千万円ぐらい、バスで五分だったらもう少し安いとか、本当にはっきり分かれちゃうわけ。それで、公立の学校は団地の中にあるから、そこに通う子たちの家庭はだいたいみんな同じなわけです。ところが、僕が教えていたのは塾だから、塾にはいろんな学校から来るわけね。塾はそういう面では「坩堝《るつぼ》」だったわけです。

完成当時の滝山団地（現・東京都東久留米市）。中央を歩行者専用道路が延びている。手前は後に商店街「滝山中央名店会」となる。写真提供＝読売新聞社

ところが、そういう坩堝では学校でのいろんな窮屈さが解放されるかなと思ったら、やっぱり分離したままだった。だから、「みんな同じ」という均質性の中にこもってしまう気質というものは、少なくとも僕が教えていた、当時「いちご世代」と言われていた団塊ジュニアたちにもあった。それこそ本当に、「どこに住んでる？」と聞いて「○○団地」と答えると、「あそこ今、八〇〇〇万だよね」とか、

すぐに金額が出てくるわけ。そういう時代の小学生や中学生を教えていたっていうのが、僕の中での小説のベースになっているところがあるんです。滝山団地には、いわゆる親の収入での「輪切り感」とか、同質性というのはあったんでしょうか。

原　ええ、きわめて同質性が高かったんです。多摩ニュータウンであれば、さまざまなタイプの住宅がありますよね。例えば初期の七一年頃に作られた永山地区や諏訪地区と、九〇年代になって作られた南大沢地区や唐木田地区では、同じ多摩ニュータウンと言っても、もう全然違うわけじゃないですか。

重松　スパンとして、二十年ぐらいありますからね。

原　それくらい長い時間をかけて作っている。ところが滝山団地は、六八年から七〇年にかけてのあいだに一挙に三二〇〇戸できているんです。広さも3DK、3LDKが主体で、多摩ニュータウンのような違いがないんですね。どこに行っても、五階建ての直方体の建物が整然と並んでいるから、自分がどの街区にいるのかわからない。友達の家に行ったら、間取りがまったく同じで思わず間違えそうになるという画一性の高さ。そうすると、親の収入とかも似たり寄ったりなわけですね。

建築家の松原弘典さんが指摘しているように、旧ソ連ではフルシチョフの時代に、モスクワやレニングラード（現・サンクトペテルブルク）の郊外にやはり同質的な五階建ての団地が大量に建てられるんです。それに非常によく似ていて、言わばモスクワやレニングラードの郊外のような風景が、六〇年代の西武沿線にできてゆくんです。

重松　その時に、例えばアメリカのレヴィットタウン（一九五〇年代にニューヨーク州に計画された初期の郊外住宅都市）のような、ジャパニーズ・ドリームと言うのかな、最新の団地に住んでいるという高揚感みたいなものは感じていたんですか。

原　ありましたね。少なくとも六〇年代まで、団地はすごい人気だったんです。三十回ぐらい抽選に落ちる人なんてざらにいて、団地に住むというのは選ばれた者の特権だったわけです。その特権意識ってやっぱりあって、『滝山コミューン…』でも書いたけど、子供心に、一戸建てをむしろ軽蔑していたわけです。要するに鉄筋コンクリートの方が近代的で、木造住宅なんていうのは地震や火災が起こればひとたまりもないんだと。団地の方が安全だし、丈夫なんだという優越感を持っていた。特に私の小学校は団地から通う児童が圧倒的ですから、一戸建てに住んでいた少数の児童をむしろ憐れむような眼で見ていたわけです。今ではちょっと考えられない意識ですけど。

重松　いまだに不動産の広告によくあるのが、「羨望の高台に住まう」みたいな、羨望されるというのが一つの幸せのシンボルみたいなところってあると思うんだけど。クルマもそうだし、何か日本人って他人から「いいな」と思われて初めて幸せを実感するみたいなところがあって、団地というのは、少なくとも六〇年代においては憧れだったわけですね。

原　そうですね。ただ、じつは同じ東京の郊外でも、鉄道の沿線によってずいぶん文化が違っていたと思います。具体的に言うと、西武や東武、新京成、そして六〇年代後半からは小田急や京成などの沿線には大団地が多く作られたけれども、中央線や東急、京急などの沿線には大団地が少なかった。私が七五年まで住んでいた西武沿線では、団地住民が優越的な文化を築いてきました。西武新宿線の井荻（杉並区）に住んでいた開高健が、六七年に「文明は駅の周辺とか団地とかにあって、私のところにはないのである」（「巨大なアミーバーの街で」、『展望』一九六七年六月号所収）と書いたのも、こうした背景があったからです。ところが、七五年に横浜市緑区（現・青葉区）の東急田園都市線沿線に引っ越してみると、東急不動産が丘陵地を切り崩して、一戸建ての住宅地を開発していた。そういう文化圏に入ったとたん、団地は逆にマイノリティになり、一戸建て住まいの方が主流であることに気づきました。

そして、同じ東急沿線の日吉にある慶應義塾普通部という中学校に入ると、もう圧倒的多数が一戸建てに住んでいるわけです。団地住まいだというのは、「何丁目何番地何号」の後に「○○号棟の○○号室」と表示されるから、名簿で住所を見るとすぐにわかっちゃうわけです。同じクラスの名簿を見ると、そういう住所のやつは誰もいなくて、「何番地何号」で終わるか、せいぜいしゃれたマンションの名前が書いてある（笑）。うちの住所だけが異様に長くて、友達から「お前の住所、長いから年賀状書く時、面倒くせえんだよ」などと厭味を言われて、その時初めて気づいたわけです。東急沿線住民が多い慶應では、団地住まいは少数派なのだと。同じ東京の郊外でもこんなに違うんだと、初めてカルチャーショックを受けて、団地に住んでいることにコンプレックスを持つようになっちゃったんですね。

このように、西武と東急では大きな違いがあるわけですが、共通点もある。それは、同じ会社の二つの線が並行したり、多くの支線が複雑に絡み合ったりしている地域が目立つことです。西武では、池袋線の池袋 - 所沢間と新宿線の高田馬場 - 所沢間が並行していますし、国分寺、小平、東村山付近は新宿線、拝島線、多摩湖線、国分寺線、西武園線が交錯している。一方、東急では田園都市線の渋谷‐二子玉川間と東横線の渋谷‐田園調布間、目黒線の目黒‐田園調布間、池上線の五反田‐雪が谷大塚間がほぼ並行していますし、自由が丘、大岡山、旗の台付近は東横線、大井町線、目黒線、池上線が交錯している。

他の私鉄やJRならば一つの線しかないところを、西武や東急は二つないしそれ以上の線が走り、地域をはさみ撃ちにしたり、取り囲んだりしているわけです。そうした地域は、当然、「濃度」が増す(笑)。西武沿線では私が住んできたひばりが丘団地、久米川団地、滝山団地がすべてそうだし、東急沿線では田園調布や奥沢、洗足《せんぞく》、瀬田、碑文谷《ひもんや》といった高級住宅地がすべてそう。このような住宅地を並べただけでも、両者がいかに対照的な沿線文化を作ってきたかがわかるのではないでしょうか。

「角栄の時代」は均質化の時代だった

重松　僕と原さんの一番の違いというのは、原さんは東京の生まれ育ちで、僕は西日本各地を転々とした末に一九八一年に上京してきた。その八〇年代、僕が上京してきた頃から、大学生なんかのあいだに、「沿線差別ネタ」というのが流行ってきた。「マガジンハウスの雑誌の広告は、東急沿線にはたくさん出てるけど、京成には出てない」とか、関西では阪急と阪神、南海なんかを比較した差別ネタというのがあったり。やっぱり何か、七〇年代に均質性が行きわたって、そこに安心感も持ちながら一方で違いも作りたいっていうのが人間であり、八〇年代というのは差異の時代って言われたけど、細かな違いを見つけて、その差異がわかる俺たちって偉いというのを若者がやっていたわけだけれども、その背景には、均質化というものが一回完成しちゃった反動があったと僕は思うんです。

原　ええ。「滝山コミューン」が生まれたのが、田中内閣の時代である一九七四年だったのは、決して偶然ではないと思います。

重松　七二年の田中角栄の『日本列島改造論』(日刊工業新聞社) というのは、まさに「日本を均質にする」ってことですよ。秋田も新潟も鳥取も、日本海側の街が太平洋ベルト地帯みたいになれと。あるいは、新潟に住んでいても新幹線を通せば東京に一時間で来れるだろうという、やっぱりあそこがピークだと思うんだよね。

原　私が通っていた小学校で、七二年に片山先生が四年五組の担任になり、六年五組でクラス運営を完成させていくまでの時期というのは、田中内閣の時期とぴったり一致してるんです。

重松　七三年から七四年頃、僕は鳥取県の米子市にいたんです。まさに、新潟から出てきた田中角栄が中国と国交正常化して (一九七二年)、これからは日本海側が表玄関だという時期。しかも、うちの親父が運送会社に勤めていたから、七三年頃の山陰地方の盛り上がりってすごかったの。ちょうど七二年に新幹線が岡山まで開通して、「ひかりは西へ」って言われてね。米子には当時の国鉄のエリート社員がどんどん送り込まれてきて、その社宅が僕の通っていた小学校の学区内にあったので、毎月のように転校生が来て、みんな都会の少年なわけ。でも、オイルショック (第一次、一九七三年) でみんな撤退しちゃったんだけど。その田中角栄の時代にできあがったものを僕は米子という日本海側の商業都市で見て、原さんは東京の郊外で見ていたというのは、長いスパンで考えたら面白いコントラストができあがるかもしれませんね。

原　そうですね。今、米子に住んでおられた話をされましたけれども、そのご体験が、重松さんの小説の魅力やスケールの大きさにつながっていると思うのです。私の場合は、せいぜいのところ東京郊外の西武沿線という視点しか持ち得ない。それに対して重松さんの場合は、転校を何度もされて、いろいろな街を見てこられた。名古屋や米子や山口などですね。つまり当時の地方の実態を目のあたりにされてきている。私にはないところです。例えば『カシオペアの丘で』（講談社、二〇〇七年）に描かれている芦別は、炭鉱という、戦後の北海道を象徴する産業で栄えた街ですけれども、それがある時期から完全に斜陽産業になっていった。そういう小さな街が舞台になっている。それから、『とんび』（角川書店、二〇〇八年）では、広島県の「備後市」という、福山市とおぼしき街が出てきます。そこで生まれた親子の話ですよね。父親のヤスさんという、憎めないトラックの運転手がいて、息子が一人いる。母親はある事故で亡くなるんですけれども、父親と息子の視点から、これもまた地方の戦後史をたどるような小説になっているんじゃないかと思いました。

重松　そこはやっぱり、うちの親父が運送会社にいたというのが大きいと思うんです。高速道路が開通すると新しい支店ができて、そこに転勤になる。物流の時代だから、高度成長期の最前線にいたわけです。それで、オイルショックで一番打撃を受けちゃったのも親父たちの業界だった。

団地やニュータウンの子供たちの特徴としてよく言われるのが、例えば下町の工場や職人さんの家だったら子供がお父さんの仕事に馴染んでいるけれども、団地の子供というのは職住分離だから、お父さんが何をやってるのかわからない。お父さんの仕事と子供たちの生活とがまったく分離されている、と。その面では僕は、団地というよりも「社宅の子供」だった。だから当時は「団地の時代」であると同時に、「滝山コミューン」的な団地じゃない「社宅の時代」でもあった。そしてトラックという、住宅環境から見ると一番嫌われるものが商売道具の会社だったから、ニュータウンや団地には住めないわけです。昔ながらの下町だったり埋立地だったりに引っ越して行って、丘の上の団地っていうのを仰ぎ見ていたから、ニュータウンの小説を書くようになった際に、自分がニュータウン育ちではなかったというところが、逆の意味で大きなバックボーンになっている感じがするんです。

「民主主義イコール多数決」ではないはず

重松　ところで、さっき言った〈みんな〉の話で、〈みんな同じ〉っていう同調圧力が作られやすいのは、収入とか世代とかが似ているとそうなるって話をしたんだけど、もう一つ別の理由もあると思うんです。特に若い人、いま客席に座っている学生さんにも聞きたいぐらいなんだけど、今の日本って民主主義ですよね。民主主義と言われた時に、どんなものを思い浮かべるかって言うと、僕の場合は「多数決」なんだよね。多数決で決まるというのを民主主義だというふうに考えると一番わかりやすい。その延長線上に選挙もあると思うし、みんな同じ一票だというのもあるんだけど、しかし、本来は「民主主義イコール多数決」ではないはずで。今でも覚えてるのが、小学校時代に学級会なんかで多数決で勝ったやつらが「多数決なんだから文句言うなよ」とか言う。多数派に回るってことで優位に立つというのが民主主義なんだというふうに短絡してしまった感じがするんです。そうなるとあっさりと、〈みんな〉というものができてしまって、便利なんだよね。だから、なんで民主主義というのが多数決だっていうふうに短絡しちゃったんだろうというのが、自分が大人になっても気になるところなんです。そのあたりはどうなんでしょう。

原　それは確かに政治思想史上における一つの大問題でありまして、それこそ古代ギリシャのポリス（都市国家）にまで遡ってしまえば、成年男子全員が顔を合わせ、直接議論して物事を決めていくような社会だったわけですよね。ごく小さな政治共同体だったわけです。それが大きくなってくると、全員が顔を合わせることは不可能になるので、代議制、つまり議会というのが必要になる。それでも初期には、王や貴族に権力が担保されていましたが、フランス革命などを経て普通選挙が行われるようになると、一般市民（ブルジョワ、さらには労働者）が議会に進出し、多数派となる。フランスの思想家、トクヴィルの言う「多数の暴政」が民主主義のもとに行われるようになるわけです。学校のような小さな社会でも、民主主義イコール多数決という図式が成立してしまうと、少数者というのは常に疎外される立場に置かれる。そこまではまだいいんです。問題はその先で、少数が間違っているという価値判断が入ってくると、少数派は反省して「正しい」多数派に合わせなければならないということになってくる。それが「滝山コミューン」にも実際に出てきた。そこにじつは大きな問題がある。

重松　民主主義が多数決であることの大前提としては、多数派は弱者であると。で、少数の資本家でもいいし地主でもいいんだけど、少数の強者に立ち向かうためにはみんな同じ一票だよということにしないといけない。しかし、少数派が弱者だった場合にはどうするんだという問題が出てくる。それから、〈みんな〉対〈私〉の闘いで言っちゃえば、少数のボスがいて、そいつの子分たちがいて、そのボスが右に行くと言ったらみんなも右に行く。もし暴走した時にはそのボスを倒せばいいわけです。ところが、みんな同じ、つまり等し並みの一票が集まって暴走を始めたら、どこを止めればいいんだってことになっちゃう。

学校でも建前としては、「多数決で決めるけれども、反対意見の子供たちのことも忘れないように」と言うんだけど、そんなこと言いだしたら多数決の意味がないじゃん、ってことになりかねない。多数決そのものは決して悪くないんですが、短絡的な多数決は怖い。その怖さが、例えばいじめにもつながっているんだと思うんです。ただ、多数決を批判するというのは、やっぱり難しい。僕自身にも多数決に対する信頼はやはりあるわけだし……。

原　その点に関して、最近ちょっとした発見をしたんです。それは何かというと、戦後の初等教育では、六〇年代から「班」を単位とする集団主義教育が盛んになる。それを進めたのが、先ほど重松さんが言われた全生研（全国生活指導研究協議会）という、日教組から分かれた団体なんですけれども、この団体はソビエト式教育を一つのモデルにしていたんです。ソビエト式教育というのは、スターリン時代のソ連の教育学者、マカレンコによって提唱された教育のことです。それを全生研が下敷きにして、集団主義教育を実践したというふうに私は解釈していました。いかにもスターリン時代に出てきそうな、全体主義万歳みたいな教育だったのだろうと思っていたので、すごく納得できたんです。ところが最近、マカレンコの著作をきちんと読んだら、それは間違っていたことがわかった。じつはマカレンコは、少数者の自由をどうやって確保するかに腐心し、集団の規律を乱した個人が特定できない形で、その個人が反省して集団の規律を重んじるようになるような工夫を凝らしていたからです。

　ところが日本に入ってくると、そこの部分がカットされて、集団主義の言わば上澄みの部分だけがより先鋭化するような形になる。だから、例えば成績の良くない班を「ボロ班」と呼んだり、集団の規律を乱した個人が特定され、「追求」の対象になったりする。しかし、それはマカレンコじゃなかった。一体なぜそうなるのかとずっと考えているんです。これはまだ仮説に過ぎないんですけど、全生研というのは一見、ソ連から影響を受けたように見えるんだけれども、むしろ戦前とのつながりの方が強かったんじゃないか。人的にもつながっていたんじゃないか。まだ六〇年代というのは、戦前の……。

重松　師範学校出身の教師も現役でしたからね。

原　そう。戦前の、言わば天皇制教育の洗礼を受けた世代の教師が、そのま

アントン・セミョーノヴィチ・マカレンコ
(1888〜1939)

ま戦後の教育現場に居残っていた。「班」という言葉からして、軍隊の内務班を想起させる。そういう問題があるんじゃないかという気がするんです。

重松　それと同時に、中流意識が九割を超えてた時代じゃないですか。だから、少数派というものの存在をあまり意識しないで済んだ。何か大きな意味で弱者というのを取りこぼした、あるいは見えていなかった、そこが今に至るまで残ってるんじゃないかなと思うんです。だから、戦前から受け継いだものに加えて、戦後の高度成長期に完成した中流幻想、普通幻想というものが、かなり大きいような気がする。

原　そうですね。その中流幻想、「みんな同じ」という社会主義的な平等幻想をまさに可視化したのが団地だったという見方もできると思います。ひばりが丘団地にずっと住んでおられる文芸評論家の秋山駿さんも書いていますが、同じ棟の各部屋の生活サイクルが全く同じなのが居ながらにしてわかるというのが、団地でした。

重松　とにかく僕は、〈みんな〉が大嫌いなんです。で、〈みんな〉をつぶすためには、〈みんな〉の中にあるものを見なきゃいけない。だから、等し並みに「普通の中学生」とか「普通のお父さん」と言われている人の中にも、一千万人いたら一千万通りの物語がある、ということをやってるわけです。多数決の問題で言うと、〈みんな〉って言葉にすぐ言い換えられるんだよね。「私が決めた」と言わずに、「だって〈みんな〉で決めたんだもん」と言う。いじめもそうなんだよね。「私がやった」と言うんじゃなくて、「だって〈みんな〉もやってたもん」って言う。そういう、〈みんな〉がやる、〈みんな〉で決めたってことは一見いいことのように思えちゃうから、否定し

国立療養所多磨全生園（東京都東村山市）。写真提供＝読売新聞社

づらいわけ。そこがすごく難しくて。

柊の壁をぶっ壊す

重松　ところで、原さんの『考える人』での連載「レッドアローとスターハウス」ですが、最新号（二〇〇九年冬号）では、多磨全生園の話もお書きになっています。多磨全生園はハンセン病の療養所ですけれど、患者を隔離していた歴史がある。僕、あそこを通るたびに思うんですよ。僕の田舎の岡山にも長島愛生園という療養所があって（瀬戸内市邑久町）、名前の通り、長島という島にある。ここは一九三〇年の開園から橋が架かった一九八八年まで、物理的に本土と隔絶されていました。一方、多磨全生園では、隔離するため、脱走を防ぐためにかつてあったのは、柊《ひいらぎ》なんです。柊の生け垣というか、森だったんです。もしそれがコンクリートの塀だったら、誰が

見てもおかしいと思う。その塀はやっぱり壊さなきゃいけないと思う。でも、柊のような緑に囲まれていると、遠くから見たら美しい風景になってしまう。しかも柊の花というのは、キンモクセイみたいな感じでいい香りがするんだよね。ところが、近づくと葉っぱがとげだらけで、だから防犯にも脱走防止にもなるんだけど。暴力なり何かの暴走というのは、コンクリートの塀のようにわかりやすく現れるものばかりじゃない。「柔らかいファシズム」じゃないけど、「〈みんな〉のファシズム」という、柊のように遠目にはいいもののように見えてしまうものだってある。さらに柊っていうのはけっこう丈夫な樹だから、コンクリートだったらベルリンの壁みたいにハンマーで壊せばいいけど、柊はハンマーでは倒れないんだよね、根っこから掘っていかなきゃダメで。今は、そんな一見美しそうな壁や目に見えない壁がたくさんある時代だと思う。

なんで僕がこれだけ『滝山コミューン一九七四』を絶賛するかと言ったら、そこのところの、〈みんな〉の持っている否定しづらいところがきちんと書かれているからなんです。原少年が正義の味方で、他のやつらがみんな悪だ、というふうに言い切れれば楽なんです。ところが、おそらく僕も同世代の人間としてわかるけれども、〈みんな〉の側の心地良さもあるだろうし、〈みんな〉の側の正義だってあるだろうし、理想だってあるだろうと。それを原さんもしっかりとわかっていて、決して断罪する感じではなくて、むしろそこに惹かれてしまった瞬間も含めてフェアに書いている。

今、若い人は就職とか大変な状況にあって、ベルリンの壁みたいなわかりやすいコンクリートの壁だったら「ぶっ壊してやりたい」と思えると思うけど、柊のような一見美しい壁だってじつはあるから、そこを見過ごしちゃうとヤバいかもしれないよということを最後に言っておきたいんです。

原　なるほど、柊の壁をそのように見たことはありませんでした。

重松　コンクリートの壁だったら、それを描くことは政治評論でできると思うんです。あるいは実際の運動でもできると思う。でも、柊の壁がここにあるんだと示すのは、文学であったり映画であったり演劇であったり、そういうものの役割かもしれません。

そうなんだ、だから僕が『滝山コミューン…』に作家として嫉妬したというのは、これがコンクリートの壁を描いてるんだったら、「ああ、こういうものもあるんだね」で終わったけど、柊の壁に迫っているからなんだと。それを鉄ちゃんの原さんがみごとに書いたというのがね（笑）、やっぱり何度も言うけど嫉妬に値することなんですね。

対話I

東京の団地っ子と「非・東京」の社宅の子

(二〇〇九年八月十日)

交通がハイカラだった名古屋

重松　この前の明治学院大学での対談（前章）で、同世代である原さんと僕との最も大きな違いとして、地方と東京ということが出てきました。あの時は対談のテーマが別にあったので話はそれきりになってしまったのですが、今日はぜひ、そこのところを原さんにじっくりおうかがいしたいんです。自分の生きてきた時代というのは何なんだろう、自分の生きてきた時代にあった風景はどんな意味を持っているんだろうというのを、原さんの目で照射してもらいたいなと思っています。だからまず、「非・東京」で過ごした僕の少年時代から始めさせてもらっていいでしょうか。

原　もちろんです。

重松　僕が生まれたのは、一九六三年の三月なんです。昭和三十八年。……ちょっと、ここからしばらくは西暦よりも昭和で話したほうがわかりやすいかもしれないですね。

うちの親はどちらも岡山県の人間なんですが、僕が生まれた当時は大阪に住んでいました。大阪市東成区です。環状線の駅で言えば森ノ宮と玉造の間ぐらいなんですが、在日韓国・朝鮮人が多くて、僕自身は覚えていないんですけれども、新聞の折り込み広告にハングル文字が躍っていて、洋品店のショーウインドウにはチマチョゴリが飾ってあったらしいんです。

その大阪から転勤で名古屋に移ったのは、昭和三十九（一九六四）年です。親父のいた会社は岡山県に本社のある運送会社だったんですけれども、東名高速の開通によって東京までの便ができたんです。そうすると名古屋が一つの集散基地になって、大阪から名古屋へ異動になった。名古屋で僕は昭和三十九年から昭和四十六（一九七一）年まで過ごしました。その中でも家を何度か替わったんですけれども、今でも覚えているのが市電です。まだ名古屋に市電のあった時代で、廃止になった時の「さよなら花電車」というのを覚えています。

岡山の会社ですから、名古屋で採用した社員だけでなく、岡山県の出身者も多かった。それで社宅があって、マンションで言えば「下駄履き」みたいな、一階がトラックのターミナルで、その上に四階建てだから当時ではけっこう高くて、名古屋城が見えるようなところだった。その頃、帰省列車というのがまだ現役だったんですね。今でも覚えているのが、年末に名古屋駅に行くと広いホールに「はやとも」とか「玄海」とか、岡山へ帰る列車の表示があって、そこにみんなが並んで自由席に乗ったりしていた。それで姫路まで行って、姫路からは姫新《きしん》線というのに入って山の方に行く。

原　津山の方へ。

重松　そうです。そういう帰省列車に乗る人が、名古屋駅のホールにずらっと並んで、駅員の先導でプラットフォームへ上がって行く風景というのは、僕の中で鉄道に関わる一番印象的な風景だったんです。

原　私も名古屋については少し思い出があります。両親は名古屋で結婚して、しばらく名古屋で暮らしていたんです。伊勢湾台風（一九五九年）の時も大変だったという話をよく聞かされました。『滝山コミューン…』の中で、家族で親戚の住む三重県の津に行く話を書いたのですが、あれは一九七三（昭和四十八）年でしたから小学五年生の時です。重松さんがおられた時よりちょっと後になりますけれども、その時の名古屋駅の様子はよく覚えています。東京と全然違うなと思ったのは、コンコースに白黒のテレビがばーっと並んでいたこと。それは何かというと、新幹線や在来線各線の上下別にテレビ画面で次の列車を案内していたのです。それぞれの画面に、次に発車するのは何時発のどこ行きというのが表示されるのですが、列車が来るたびに、その画面の表示もどんどん変わってゆく。ところが、その時乗ろうとした関西本線のように本数が少ない線は、いつまで経っても変わらず、静止したままでした。

テレビ画面で次の列車を知らせる駅というのは、東京にはなかったと思います。もっとすごいなと思ったのは、名鉄の新名古屋駅（現在は名鉄名古屋駅）。この駅には、線路が二本しかない。上りと下り一本ずつしかなくて、真ん中にホームがあって外側にあと二つホームがあるだけの、かなり狭い駅じゃないですか。ここは名鉄の一番中心の駅ですから、いろんな行先の電車が来る。それをやはりテレビで、しかもこちらはカラーテレビで、次々と画面に表示するんです。だから名古屋というのは、テレビで行先を案内するんだ、さすがテレビ塔がある街だけのことはあるという、新鮮な驚きがありましたね。

重松　新名古屋駅のさばき方のすごさって、宮脇俊三さんも書いていましたね。僕も親父が運送業だったというのと、年に二回、必ず田舎に帰るというのもあって、乗り物に敏感になるわけです。特に名古屋は交通がすごく進んでいたと思うんですね。名古屋駅には南北の自由通路があったし、駅ビルの中にバスターミナルがあった。

原　そう、駅ビルの上の方からバスが飛び出してくる感じでした。一九七四年の夏に、一度ここから明治村に行くバスに乗ったことがあります。

重松　それから、今おっしゃった名鉄のさばき具合。名鉄には、これは小田急のロマンスカーと似ているんだけれども、パノラマカーという展望席のある列車があって。

原　ロマンスカーとパノラマカーを比べると、パノラマカーの方が早く製造されたんです。しかもロマンスカーに乗れるのは特急料金を払った客だけだったのに対して、パノラマカーは特急ばかりか、普通電車でも使われていた。

重松　近鉄にはビスタカーという二階建て列車があった。道路は何と言っても一〇〇メートル道路。とにかく名古屋って交通がハイカラだったと言うか。

原　新名古屋駅ができるのが、戦時中なんですよね。一九四一（昭和十六）年でした。一九三五年に豊橋の方に行く線（愛知電気鉄道）と岐阜の方に行く線（名岐鉄道）が合併し、名古屋鉄道ができたのですが、新名古屋駅はこの新生名鉄のシンボルとして作られた。

近畿日本鉄道、つまり近鉄ができたのも、戦時中でした。一九四四年のことです。近鉄は、一九五九年の伊勢湾台風をきっかけとして線路の幅を統一したんです。それまで名古屋線は狭軌だったのを、台風で線路も壊滅的な打撃を受けたのを機に標準軌に変えて、大阪まで一本で行けるように変えるんですよね。

「人車分離」とマイカーの問題

重松　僕が名古屋にいた昭和四十年代の半ばというのは、交通事故が一番多い時代だった。中でも交通事故死で北海道と愛知県がいつもワーストを争っていて、小学校三年生になるまで自転車に乗っちゃいけないという校則があったぐらい、とにかく交通事故というのがすごいリアルだったんですよ。その頃の東京はどうだったんですか。

原　やはり多かったですよ。私が住んでいた滝山団地にあった派出所には、毎日、田無警察署管内の死者が何人という数字が出ていた。子供が道に飛び出して撥《は》ねられて死ぬと、朝礼で校長先生が、一年何組の誰さんが交通事故に遭って亡くなりましたという報告をしたものです。

重松　それから、もうちょっと後から登場したことだと思うんですけれども、団地の中での「人車分離」というか、車道と歩道が分かれているというのがすごく謳い文句になっていたことがあって、これはやはり、交通事故が多いから生まれた発想なんですかね。

原　団地にはだいたい遊歩道がありますが、滝山団地ではそれを徹底させ、各街区の中央に遊歩道を作って、そこからは完全に車を締め出すわけですよ。車が入って来られるのはそれぞれの棟の前の小さな道だけで、遊歩道のところまでは来られないようになっている。そこまで徹底するのは確かに珍しいんですけれども、それでも買い物に行く場合は、どうしてもバスや車の走っている道を横断せざるを得ませんよね。

重松　ということは、住民の自家用車というのは、発想としてあまり考えられていなかった？

原　いちおう駐車場は団地の周囲にありましたけれども、広くはなかった。友だちで車を持っている家は少なかったですね。
重松　今、多摩ニュータウンの中でも初期にできた永山団地で、車を持つのが前提になっていないことが問題になっていますよね。
原　車が増えてくると、駐車場問題というのが出てくるわけです。私が青葉台で住んでいた団地（田園青葉台団地、横浜市青葉区）でもそういうことがあったんです。たとえ駐車場を作っても、後から車が増えてくると、収容しきれなくなって、団地内の道路で路上駐車を認めていくというやり方にせざるを得ないですよね。
重松　完全に人車分離にしちゃうということは、マイカーの存在をあまり考えていないということですよね。だから住民は歩いて駅なりバス停まで行くというのが前提で。
原　そうなると、バスでしか最寄り駅まで行けない滝山団地では、住民がバス会社と交渉するわけです。バスの本数が少なくて不便だから増やしてくれとか、最終バスの時間を遅くしてくれとかというようなことを交渉するわけですよ。そのことが住民運動の成果だというので、当時の『赤旗』に大きく出たりした。それは滝山団地に限らず、マイカーが普及していない五〇年代から六〇年代にかけての団地では、足の確保というのが大問題だったのです。大阪の香里《こうり》団地（枚方市）は、京阪の枚方市《ひらかたし》駅からバスで一〇分ぐらい行った丘陵地帯にありますけれども、そこの自治会新聞を読んでいると、枚方市駅と団地を結んでいるバスをもっと増やせとか、枚方市駅に特急を停めろとか、そういう話がかなり出ているわけですよね。

いて。

「バスで通う」ということ

重松　団地やニュータウンというのは、都心部への通勤や通学が前提になっているから、交通のインフラは欠かせません。名古屋で言うと、地下鉄の開通とニュータウンというのはリンクしていて。

原　東山線ですね。

重松　そうです。名古屋では初めての地下鉄だった東山線が、昭和四十四（一九六九）年に延伸したことで、藤が丘というニュータウンができました。ただ、東京の場合は、ニュータウンができる前から都心の地下鉄網があって、私鉄もあった。必ずしもリンクしていませんよね。

原　東京で鉄道の開通と団地やニュータウンがリンクしているのは、京王相模原線、小田急多摩線と多摩ニュータウン、都営三田線と高島平団地、都営12号線（現・大江戸線）と光が丘団地ぐらいでしょう。もっとも、京王相模原線と小田急多摩線が開通したのは、多摩ニュータウンの入居開始から三年後でしたし、都営12号線の開通に至っては、光が丘団地の入居開始から八年も経った後でした。

重松　多摩ニュータウンだったら、モノレールができるというのを何十年も謳い文句にして、ずっと遅れて開通しました（多摩都市モノレール、上北台～多摩センター間が二〇〇〇年に開通）。開業直後に欠陥がわかって運行休止になったすえに、けっきょく廃止になった大船のドリームランド・モノレールの場合なら、ドリームハイツの住民にとっては「話が違うじゃないか」となる。そんなふうに、新交通ができますよというのを担保に団地が生まれたケースもあると思うんです

大阪近郊の丘陵地帯に建てられた香里団地。1961 年撮影。写真提供＝毎日新聞社

けれども、滝山の場合にはどうだったんですか。

原　ないです。そういうことを触れ込みで言っていたことはないですね。あそこは最初からバスを使うことが前提だった。もっと言うと、六〇年代後半以降にできた大団地というのは、さっき言った多摩ニュータウンや高島平団地や光が丘団地を除いて、だいたいバスで行くのが当たり前になるんです。初期にできた団地の方が、駅の近くに作られている。ところがそういう便利なところはどんどん埋まっていくわけです。そうすると、駅から離れたところに作るようになるわけですよね。そこに行くにはバスしかない。そういう団地が増えていった時代なので、バスに乗ること自体、それほどマイナス的な感覚ではとらえられなくなっていった。

重松　不便とは思わなくても、お金はかかりますよね、バス代が。

原　鉄道でもっと遠くまで行くのと、途中で降りてバスに乗るのと、どちらがいいかという話になるんでしょうね。鉄道に比べてバスの料金がそんなに高いということもなかったと思う。

重松　そうか。そこが「非・東京」の感覚で考えちゃいけないところなんだ（笑）。田舎のバスって高いんだよね。田舎では、バスを通勤通学に使うということはあり得ないぐらいに割高なんです。

原　それはないと思うんですよね。団地住民は値上げには敏感でしたから、あまり高い運賃にはできなかったはずです。

重松　通学定期ってすごく安いじゃないですか、あれは団地を成立させた要因でもあるのかしら。

原　私は一九七四年、毎週日曜日に中野の「四谷大塚」という進学塾に通う時には、滝山五丁目から武蔵小金井駅まで回数券を使っていました。三〇円の券が一枚余計についていたと思います。確かに鉄道に比べれば割高でしたが、今だって都営バスの運賃は二〇〇円、横浜市営バスの運賃は二一〇円で、鉄道の最低運賃よりかなり高い。バス利用がそれほどマイナスには思えなかったような気がするんです。

重松　たぶんそこが田舎の人間との違いで、僕らは乗り換えがあるというのは信じられないわけですよ。もうそこが、僕らにはすごいストレスだったんですね。

原　だって、バスに乗り換えると言っても、さらに三〇分も乗るのだったら確かにそう思うでしょうけれど、最寄り駅からだとせいぜい一〇分とか一五分ですから。

重松　そうか。

原　本数もけっこうありましたからね。そんなに待たずに乗れましたから。

「定期券」という制度が隠蔽するもの

重松　ところで、外国にも通勤定期とか通学定期という制度はあるんですか。

原　日本のように、一カ月や三カ月の間、特定の区間内は何度でも乗り降り自由にしている制度はないと思います。しかし、格安の切符はいろいろありますね。

重松　定期券というか、通学通勤定期のシステムというのは、すごく制度的というか。

原　それはよくわかります。韓国では、ソウルの地下鉄や首都圏電鉄で普及している交通カードを例にとっても、どこからどこまでというふうには決めないんですよね。基本的にどこへでも行けて、なおかつ全体的に割引率が高くなっている。

重松　周遊券みたいなものですよね。僕は自分が会社をやめてフリーで仕事をするようになって、京王線沿線に住んでいたのをＪＲ（当時は国鉄）中央線の国立に引っ越した時、都心に出るのに一回一回切符を買っていると、えらい金がかかるんだよね。これは経費かかるなと思いながらも、定期が使える層と使えない層というのがあって、これは『定年ゴジラ』という小説（講談社、一九九八年）でちょっと書いたんですけれども、定年になったらもう定期券はないわけですよ。だから乗るたびに切符を買って、新宿まで四〇〇円もするのかって、初めてみたいにその遠さを実感するという話を書きました。定期券のシステムはすごく制度的であると同時に、いろんなものが隠蔽されちゃうし、定期券の使えない立場にいる人間を弱者にすると思うんです。

原　そうですね。私も定期券を使ったのは、東大の助手だった一九九六年が最後です。それからもう十年以上定期は使っていなくて、今はパスモを使っているんですけれど、あれは別に割引はないわけでしょう。そんなサービス、世界を見渡したってなかなかないですよね。カードをプリペイドで払っておきながら全く割引がきかないというのは。

重松　そうそう、得にならない。

原　よその国では見たことないですよね。チャージで五〇〇〇円も入れれば、相当な割引がきかなければならない。現に、似た制度をいち早く導入した香港では、そうなっています。それがむしろ世界的に見れば常識じゃないかという気がしますけれどもね。

重松　僕が多摩センターで塾の先生をやっていた八〇年代の終わりぐらいまでは、京王線の調布から多摩センターまでの運賃がすごく高かったんですよ。調布から先で急に上がる。たぶんあれは、新線の償却前だからだったんでしょう。

原　そうですね。

重松　でね、ふと思ったんですよ。それこそ不動産広告に、都心まで一本で行けますよとか、何分で行けますよというのは載るけれども、運賃は広告には載らないんだよね。だからあの頃、みんなびっくりしたと思うよ。何でこんな高くなるわけっていう。

原　今でも、千葉ニュータウンなんかはそうですね。日本橋から千葉ニュータウン中央まで、都営浅草線、京成、北総鉄道を経由する最短ルートで一一一〇円もします。千葉ニュータウンというのは、いまだに計画人口をはるかに下回っているわけで、そのツケを北総鉄道の利用者が払わされ続けるような形になっている。でもそういうことは、広告では絶対言わないわけでしょう。

日本橋まで何分としか言わない。

重松　その問題は、会社が通勤定期代を払っているうちは表面化しないけれども、定期を失ったらはっきりしちゃう。お金だけでなく、路線があるかどうかも問題になって、それこそ高齢者の病院通いの「足」をどうするかが田舎では大きな問題です。それは団地やニュータウンでもあるんじゃないですか。

原　団地の高齢化が進んでくると、どこかの駅まで早く行けるよりは、大きな病院に直行できる方がいいわけでしょう。だから滝山団地でも、団地の人口自体は減っているのに、バスの路線網は逆に増えているんですよ。昔はなかったような、清瀬の病院地帯を回って清瀬駅まで行くバスが最近できている。

重松　大きな病院というのは、駅前にはないものね。

原　だから、そこを回っていくバスができる。

重松　その面では、バスの方が融通がきくんだ、路線を変えられるものね。通る道をね。八王子の方もそうです。大学の付属病院とかが増えると、鉄道の駅からも従来のバス路線からも離れたところに作っちゃうから、路線の方を曲げていくんだよね。それはすごくよくわかります。

列島改造で盛り上がった山陰の街

重松　僕の個人史に話を戻すと、昭和四十六（一九七一）年に名古屋から鳥取県の米子市に引っ越しました。今度もまた親父の転勤です。なぜ米子市かというと、新産業都市です。中海《なかうみ》新産業都市。田中角栄の『日本列島改造論』のちょっと前だったんだけれども、「これからは山陰だ」という機運があったんですね。新幹線も七二年には岡山まで延びる。前回の対談でも言ったけど、米子には国鉄のエリートの子弟がたくさんいたんです。だから当時は山陰にもそうとう、エリートが送り込まれていたんじゃないかなと。

原　米子には、鉄道管理局がありましたしね。山陰本線の要の駅でした。

重松　学区内に国鉄の社宅があったんです。そこに東京や大阪からどんどん転校生が来るわけです。みんな頭よかったんですよ。

原　その頃、山陰本線や伯備線には、まだSLが走っていましたよね。

重松　ありました。鳥取県と岡山県の県境にある伯備線の布原《ぬのはら》信号所なんかに行くと、D51三重連というのが走っていてね。僕も普通にSLに乗っていましたよ。その一方で、「将来は山陰新幹線ができるんだ」なんていう、いま思うと冗談のような話が語られていたりして。そういう時代の山陰地方の中心都市だったんです、米子は。

もちろん、名古屋とは比べるべくもありません。当時の鳥取県というのは大阪から山陰線を使って新聞を送っていたから、ナイターなんかは記事が試合の前半で終わってるの。後半は「電送号外」と言って、ファックスで送られてきて、それをザラ紙にコピー印刷して、新聞の折り込みに入れて配達するんですよ。それから、米子に引っ越して一番びっくりしたのが、『少年マガジン』の発売日が二日ぐらい遅かったこと。昔の漫画って、「来週は何月何日発売、一部地域は何日発売」ってなってたじゃないですか。その「一部地域」の方に来ちゃってるんだなというのは、そうとう実感した。
それでも当時の山陰地方はある種のバブル景気だったんじゃないかと思います。例えば僕の通った学校は、僕が転入する二年前に児童数が増えて二つに分かれてできた新設校でした。で、その学校が、僕が転校して行ったあと、また二つに分かれたんですよ。それくらい人口が急増していた。僕が米子にいたのは二年半だったんですが、その間も教室が足りなくなって、プレハブの教室があったぐらいの、一つのニュータウンみたいなものだった。

原　そのころ米子市は、人口的に言うと。

重松　一二、三万人です。

原　鳥取市より多かったということはないんですか。同じぐらいですか。

重松　人口としては変わらないけれども、けっきょく、国鉄が鳥取を通る因美線じゃなくて、米子を通る伯備線の方を選んだんですよね、だから商工業の街としてはもう米子がダントツでした。これが普通の会社だったら鳥取なんですよ。県庁のあるところに支店を作るけれども、うちは運送業だから、そんなことより実利だというので米子へ行った。今でも覚えているのが、書店に田中角栄コーナーというのがあったんですよ。『日本列島改造論』と、『わたくしの少年時代』(講談社、一九七三年)という自伝がぶわーっと平積みになって、そこで大人たちが鈴なりになって立ち読みして。

原　すごいなあ。そもそも滝山団地には、書店らしい書店もなければ、レストランや喫茶店もなかった。武蔵小金井の「キリン堂」まで行かないと、まともな書店がなくて。

重松　角栄が言うのは、アメリカを見ていると東京と横浜が港だ、玄関口だと。しかし、これからは中国だ。中国を見れば、新潟や松江が玄関口だと。そうなると運送会社は大喜びなわけですよ。交通網も新幹線が岡山まで延びた。それから「エル特急」というのが出てきて、新幹線から伯備線の特急に乗り換えて山陰地方に入るというアクセスも飛躍的に良くなった。

原　「やくも」ですね。岡山から米子を通って出雲市へ行く。

重松　特急が停まるようになったというだけで、駅のホームには提灯がぶわーっと並んで、一番列車が来た時なんか、もう万歳三唱ですよ。だから、遅れてきた高度成長が山陰地方にやって来たんだなあと。

原　ちょうどその頃、寝台急行の「出雲」が特急に昇格したんですよね。

重松　そうです。昔は「紀伊」と連結があったのが分離して、「山陰」という夜行列車があって。

原　あれは夜行の普通列車なんです。

重松　あ、そうでした。普通だけれども、愛称があったんだ。

原　急行は「だいせん」でした。

重松　さらに「まつかぜ」があり「やくも」があり「おき」がありという、当時の日本海側の盛り上がりというのは忘れられないですよ。毎月のように都会から転校生が来る。僕が行った時には、名古屋から来た僕が一番都会の人間だったのが、半年後には京都から一人、大阪からまた一人、東京からも一人というように、とにかく国鉄を中心としてどんどん人が入って来る時代だった。

それが田中角栄の退陣とオイルショックで全部終わった。新産業都市計画も中途半端なところで頓挫したし、何より運送会社にとっては、オイルショックは直接ガソリンに関わってきますから、親父もキツかったんじゃないかな。とにかく田中角栄は僕たちにとってはスターで、読書感想文の課題図書が『わたくしの少年時代』だったぐらいだけれども、東京の子供たちには、田中角栄はどんなふうに見えていたんですか？

原　そういう、自分たちの生活とダイレクトにつながる存在としては見えてなかったと思うんです。ただ、日中国交回復の記念として、上野動物園にパンダが来ましたよね。あれはかなり身近な出来事で、実際にパンダを見に行った友だちもいた。そこから子供心に、中国が近しい国として意識されるというのはあったと思うんです。

それから四年生になると、新左翼の学生がよくやっていたようなガリ版刷りの新聞を作らされて、私も友だちと二人で作ったんですよ。「ポンコツ新聞」といってね。他のやつらは、学校の身近な話題とか、漫画とかを書いていたんだけれども、そういうのはあまり好きじゃなくて、「田中首相、中国から帰国」とか見出しをつけてね（笑）。そういうのを書いていたら、全然面白くないと反省会で非難されました。あと、日記をつけさせられていたんです。それが家に残っていて、『滝山コミューン…』を書いた時にすごく役に立ったんだけれども、自分の日記を読むと、佐藤栄作がやめた後のいわゆる「三角大福」の争い（三木武夫、田中角栄、大平正芳、福田赳夫が次の首相の座を争った）について書いてある。

重松　すごいね。同じ小学校四年生だとは思えない。

原　たぶん、物心ついたときからずっと、佐藤栄作が首相だったので、佐藤がやめて総裁選が行われること自体が面白かったのでしょう。ただ、その興味というのは、あくまでもテレビを通した、いわゆる一般的な興味でしかなかったので、別に角栄の政策によって日本が大きく変わっていくという実感は全くなかったですし、そういう意味では遠い存在だったんです。

「東久留米音頭」は郷土意識を高めたか

重松　じゃあ、東京の人たちには、「おらが町の……」というか、郷土意識を高めるものって何があるんですか。

原　ないですよ。滝山団地のある東久留米市は、東京という感じでもないんですよね。旧北多摩郡だから二十三区とは違うし、二十三区より埼玉県の方が近い。埼玉県と東京都の境界にしても、荒川のような大きな川が流れているわけでもないし、山があるわけでもない。埼玉に入っても風景は変わらないし、東京なのか埼玉なのかわからないようなところにいたわけですよ。

確か三年生の頃、「東久留米音頭」というのができたんです。「東村山音頭」（一九六三年発表、志村けんバージョン「志村けんの全員集合　東村山音頭」は一九七六年発売）の影響なのか、隣町の東久留米でも似たような音頭を作るようになって、運動会で上級生が踊らされていた。録音された三橋美智也の熱唱が校庭に響き渡ったのをよく覚えています。

重松　「東京音頭」だって、昔からあったわけじゃありませんものね。あれは昭和七、八年でしょう。田舎の場合は、さすがに僕たちの世代では盆踊りで郷土意識を高めるというのはなかったんですが、例えば大相撲では郷土を強く意識しました。鳥取で言うと……。

原　琴桜。倉吉《くらよし》の出身ですよね。

重松　そう、ちょうど琴桜が横綱になった時（一九七三年）で、嬉しかった。それから山口に行った時は、魁傑《かいけつ》。

原　岩国出身ですね。私も相撲は好きで、小学生のときはよくテレビにかじりついていましたから、幕内上位の力士の出身地はだいたい覚えてしまいました。

重松　そう。応援しましたね。だから相撲で力士を呼び出す時に必ず場内アナウンスで「何々県何々町出身」って言いますけど、じつは大きいんですよ。歌枕じゃないけれども、ふるさとの、琴桜だったら桜という——打吹《うつぶき》公園の桜と言ったら鳥取を代表する風景なので、そういう歌枕みたいな地名がちゃんと入っているんです。岡山県出身の鷲羽山《わしゅうやま》なんかもそう。新聞でも、ブロック版や県内版で相撲を扱っていました。郷土出身力士の星取表というのがあるんです。序ノ口だろうと序二段だろうと出ているわけ。

もう一つは高校野球ですよ。甲子園の大会は、鳥取県民である、山口県民であるということを意識する最大のイベントと言ってもいいぐらい。

原　ふるさと意識は本当に持たなかったな。さっきも言った四谷大塚が実施していた日曜テストでは、順位表が自宅に毎週送られてくるんですよ。一番上は七段で、ここに入ると優良賞がもらえる。以下六段、五段、四段という順になっていて、それ以下だと順位表にも載らない。順位表には、各段の順位と点数と児童の氏名、四谷大塚での所属クラス、それから住所が二十三区や市町村だけ、二文字で出るんですよ。例えば渋谷区なら「渋谷」と出るし、世田谷区なら「世田」と出る。東久留米市は「東久」と出るわけです。だから私は「東久」と出たんですね。順位表を見ていくと、ほかにも時々「東久」がいるんですよ。同じ小学校のやつもいれば、知らない名前の、他の小学校のやつもいる。でも何となく、そいつの名前は覚えるわけじゃないですか。それで、同じ小学校の友だちがそいつを知っている場合があって、帰りのバスの中でその友だちを介して、初めて本人に会ったりするわけです。そうすると、初めて会うのに既視感がある。じつはそいつは滝山第二団地に住んでいて、九小に通っているんだというのがわかって、びっくりする。そういう時に、同じ東久留米の人間なんだという妙な連帯感が湧いてきます。

重松　地続きの土地に根差しているわけじゃないんですね。じゃあ、風景についてはどうですか。例えば田舎の学校の校歌って、それこそ「歌枕」がしっかり入っているんですが。

原　滝山団地というのは、武蔵野の雑木林を切り倒し、とことん人工的なコンクリートの空間にしてしまったわけですから、ふるさとをありありと感じさせる自然というのは、最初からあり得ないと思うのです。

ただ、その時はわからなかったのだけれども、その後、横浜の田園都市線沿線に引っ越してみると、冬の滝山の風景というのは、やはり多摩丘陵とは違うと思いました。関東ローム層の赤土が舞い上がり、乾燥した土の匂いが漂う感じ。冬になると、小学校の校庭は北風に砂埃が舞い、歯と歯の間にまで容赦なく入ってくる。それから、葉を落とした巨大なケヤキの木が、遠くに凛として立っている。多摩田園都市は東急がゼロから開発したわけだから、そういう風景はなくて、街路樹も全部、新しく植えられたものです。ところが、西武沿線の方は江戸時代に植えられたケヤキが残っているので、木が違うんですよ。それと夕方の山のシルエットがすごかった。富士山から丹沢、箱根そして秩父の方まで全部見える。ああいう風景は、神奈川にはないですね。だから滝山に住んでいる時にはわからなかったことが、引っ越すことで見えてきた。同じ東京の西側でも、こんなに違うのかと思いました。

山陽新幹線とSL「やまぐち号」

重松　原さんが「滝山コミューン」で孤独な闘いを続けていた一九七四年、僕は山口県の小郡《おごおり》にいました。昭和四十九年ですね。その年の三月に米子から引っ越して、小学六年生から高校を卒業するまでは山口県です。小郡は、当時は吉敷《よしき》郡小郡町でしたが、今は山口市と合併して、駅名も小郡駅から新山口駅に変わっています。

で、ここでもまた新幹線が出てくる。まるでわが家を追いかけるように（笑）、新幹線が岡山から博多まで延伸したんです。

原　七五年三月ですね。

重松　山陽新幹線というのは高架になっているところが多いから、もしかしたら僕たち新幹線沿線の子は東京よりも早く、コンクリートの高架の線路が遠くまで延びている風景を知ったのかもしれない。東京だと、中央線と武蔵野線ぐらいのものじゃなかった？

原　西武線にはなかったですね。武蔵野線も、府中本町から新秋津までは地下区間が多かった。

一番身近な高架区間は、中央線の三鷹‐中野間でした。三鷹を出ると高架になって、荻窪でいったん地上に下りるけれど、また上がり、中野の手前までずっと高架。しかもここは複々線の区間で、ああいうのを見ると中央線がいかに進んでいるかがわかったんですね。特別快速はほとんどが冷房車。四谷大塚に通っている時、特快に乗ると、涼しい思いができた。特権的な感じがして、車両も新しかった。中央線の快速は、一九五九年の近畿車輛製というのが多かったのに対して、特快は一九七三年日本車両製とか、新しい車両がどんどん投入されていました。ドアの内側までステンレスでしたね。

重松　その一方で、小郡駅にはSLの転回場があったし、宇部線では戦前の茶色い車両がまだ走っていました。昭和五十四（一九七九）年、僕が高校二年生の時に、SL「やまぐち号」というのができて。

原　乗りに行きましたよ（笑）。

重松　時代が一回りしてSLが帰ってきた感じです。最初にも話したけど、僕たちの世代って、新幹線が延びていくのとSLが消えていくのを同時進行で見てたんだけど、そのうちSLが復活してきたんだよね。

でも、それはあくまでも観光列車であって、生活に結びつくものではありません。やっぱり時代は戻せないんです。道路で言ったら、高速道路ができる、バイパスもどんどんできて、すごく便利になっていく。その反面で駅前の商店街がさびれるとか、そういう変化も始まった。新山口の駅も、昔は新幹線口には何もなかったんだけど、今はすごいことになっているのね。街の重心

山口市仁保峠でカメラの放列の前を走る重連ＳＬ「やまぐち号」。1981 年撮影。写真提供＝時事通信社

が全然変わってしまった。しかも合併したから、山口市のいろんな機能も旧小郡町に移るでしょう、そうやって街の重心が変わっていくのを目の当たりにしましたね。

原　一九七六年七月ですから、中学二年の時、初めて山口県に行ったんです。東京を午後六時二五分に発つ博多ゆきの寝台特急「あさかぜ1号」に乗って行ったのですが、これは小郡に停まらないので、手前の徳山で各駅停車に乗り換えて小郡まで行って、さらに山口線に乗り換えて津和野まで行った。そして萩で泊まり、青海島や秋芳洞などを回りました。

二回目は一九七九年、「やまぐち号」が復活した時でした。親が国鉄に勤めていた同級生がいて、特別に手配してもらって、正式に「やまぐち号」として運転する前、試運転をしていたＳＬに乗れたのです。やはり「あさかぜ」に乗って、小郡から津和野まで行きました。

重松　あの頃、ブルートレインの停車駅というのは複雑で、徳山、防府、小郡、宇部というあたりがテレコになっていた。徳山・小郡に停まる列車があれば、防府・宇部と停まる列車もあったり、さらに山陽新幹線のルートから取り残されてしまった海沿いの山陽本線を通ったりして、変化に富んでいて面白かった。

原　そうでしたね。最初に行った時、帰りは小郡でなく防府に出たんです。この時乗った「あさかぜ1号」は下関発なのですけれども、食堂車が充実していたんですよ。余った小遣いを全部はたいて、食堂車でいろんなものをむさぼった。途中の駅で、ちょうど結婚式を済ませたばかりの新婚さんが乗るらしく、ホームでみんな並んで「万歳！」を唱えたりするような光景にもめぐり合いました。夜行列車に乗って東京に行くというのは、何か出世するような、晴れがましい気持ちがありましたか。

重松　いや、どっちかと言うと、ニューミュージック的な「上京の物語」のためのロマンチックな舞台装置かな。僕自身、昭和五十六（一九八一）年に上京した時は、夜行列車でフォークギターを抱えてましたから（笑）。

　そんなふうにして「非・東京」で過ごした少年時代が終わったわけですが、けっきょく、僕にとって団地やニュータウンというものと一番距離が近かったのは、名古屋時代だったということになります。

万博とテトラパックと学習雑誌

重松　これは明治学院大学での公開対談でも話題にしたのですが、僕の上京当時は沿線差別ネタが流行っていたり、ＰＡＲＣＯをはじめとする広告がすごく盛り上がっていたりして、大ざっぱな言い方をすれば「イメージ」で物事が語られていました。その「イメージ」という物差しでいくと、じつは、上京した時の僕の実感としては、団地には決していいイメージはなかったんです。古びている、という感じかな。

　ところが、子どもの頃は逆なんです。名古屋にいた頃、近所に鳩岡団地（名古屋市北区鳩岡町、現在はアーバンラフレ鳩岡）というのがあって、そこにはすごく新しいイメージ、言わば未来のイメージがありました。僕の住んでいた社宅から鳩岡団地までは歩くとけっこう距離があったんですが、わざわざそこまで遊びに行っていた。なぜかというと、公園がすごく良かったんです。ブランコや滑り台だけじゃなくて、登って遊ぶようなものがあったり、トーテムポールみたいなのがあったり、新しい遊具があったんです。今で言うフィールドアスレチックスの小さなやつとか。あと、今でも覚えているのが、鳩岡団地で僕は生まれて初めてテトラパックの牛乳を飲んだんですよ。

原　牛乳瓶じゃなくて。

重松　そう、三角錐のやつ。それをストローで飲むというのがすごく贅沢なことのように思えて、ストローを公園の水道で洗って持って帰ったぐらい（笑）。だから僕の中では、団地というのは新しい遊具があり、公園があり、飲み物がありという、すごく新しいイメージだったんです。

原　テトラパックの牛乳というのは私も記憶にあるんです。小学校に入る直前に滝山団地に引っ越したんですけれども、滝山には「二幸」と「ヤマザキ」という二つのスーパーマーケットがありました。「二幸」には、普通の牛乳とコーヒー牛乳の二種類が売られていて、本当はコーヒー牛乳を飲みたい、ところが親は普通の牛乳しか買ってくれない、でも三角錐のあれにストローを突き刺せるのだからいいやと思った。それは確かに子供心にも非常に新鮮でしたね。

重松　非常に数学的、科学的に作られている感じが、何か魅力でね。あの頃はまさにアポロの月面着陸（アポロ11号、一九六九年七月二十日）と大阪万博（一九七〇年）ですから、未来とか科学というものにすごく憧れがあった。その一つの例が、テトラパックの牛乳だったりするわけです。

原　万博で思い出すのは、当時、小学館の『小学二年生』という学習雑誌を毎月買っていました。付録がついてくるんですよ。万博の開催期間は特に付録が大がかりで、「太陽の塔」を作る付録とか、もっとすごいのは万博の会場を全部あしらったような、つまり、個々のパビリオンはもちろん、会場内を走るモノレールまで入った会場のミニチュアができる付録もあった。ものすごく興奮して作った記憶がありますね。

重松　それこそ付録の「山折り・谷折り」という言葉は、ある年齢以上じゃないと通じないでしょうね。あの紙製の付録というのが、国鉄の第三種郵便物と絡んでいたわけでしょう。学研の『学習』と『科学』は、輸送にトラックを使ったからプラスチックが使えたという話があって。

原　それは知らなかったですね。

重松　当時の国鉄の規制がすごく厳しかったらしいんですよ。付録は本体の何パーセント以下の厚みにしなきゃいけないとかで、すごく大変だったみたいです。

原　『科学』と『学習』も、ある時期まで毎月とっていましたね。滝山団地3街区の管理事務所前に、特設売り場ができていた。

重松　名古屋の頃は、学校に来ていたような記憶があります。その日は、とっていない子は先に帰りなさいと言われて、けっこう残酷なんだよね。僕は先に帰る組で、校門の前で買って来るやつを待っているの。校門の前ではヒヨコを売っていたりしてね、カラーヒヨコですよ。紫に染まっていたり。

原　そういう行商みたいなのは、小学校の近くでは見たことがないですね。ヒヨコやミドリガメは、武蔵小金井駅前のバス乗り場で売っていたなあ。それから、滝山団地の近くに、住宅供給公社の久留米西団地がありましたが、こちらには団地内の私道に焼き鳥の屋台が堂々と出ていました。滝山団地では見たことがなかったので、何か珍しかった。

重松　浦沢直樹さんの『20世紀少年』の中に、万丈目《まんじょうめ》という怪しげな男が出てきて、道端で子供相手に何か怪しげな物を売ったりしますけれども、僕たちの感覚では本当に多かったんですよ。校門の周りで、雲形定規みたいなもので花丸とかをいっぱい描いて見せたり、地球ゴマというぐるぐる回るやつとか、ゼニガメを売っているとか。それはだから、さっきお話しした運送会社の関係で、わりと下町の風情のある地域に住んでいたからかもしれなくて、滝山団地では、そういう怪しげなセールスマンみたいなものは排除されていたのかな。

原　自治会が排除していたのかもしれない。子供の教育上、良くないとかいう理由をつけて。怪獣の写真が買える駄菓子屋なんかも、町の外れまで自転車で行かないとなくて。団地の中というのは、いわゆる団地の商店街だけがある。
重松　その商店街の中には、子供をターゲットにした店はあったんですか。
原　もちろん、おもちゃ屋はありました。しかし友だちの誕生日会のプレゼントにゲームを買うというと、団地センターの「やました」しかないわけです。
重松　おもちゃ屋って、今は減りましたね。
原　団地センターの「やました」も、つい最近なくなった。子供の数が減ったからだと思います。
重松　本当に、間口の狭いおもちゃ屋ってなくなった。天井から飛行機が吊ってあるような。
原　プラモデルの箱がばーっと山積みされていて。
重松　そうそう。団地ってだいたい子供モードにできているというか、公園もそうだし。公園も、自然公園とかそういう発想になったのは、多摩センターでもたぶん終わりの方だと思うんですよ。やはり基本は児童遊園。
原　団地に住んでいたのは、基本は四人家族で、そのうち二人が子供ですからね。
重松　「標準世帯」ですね。滝山団地には、一人暮らしの人はいなかったんですか。
原　いなかったと思いますね。
重松　最初から基準があって入れない？
原　ええ、二人以上の家族でないと入れなかったと思います。間取り的にも、四人家族用の設計になっていますから、一人だと使いづらいようにできている。子供が独立して行ったり、夫婦どちらかが先に死んでしまったり、そういうことは後になって出てくると思いますけれども、最初から学生や老人が一人で住んでいるということはなかった。
重松　新婚さんはいましたか。
原　新婚は当然いましたね。特に1街区は賃貸でしたから。
重松　いわゆる風俗的な、パチンコとか雀荘とか、そういうのはあったんですか。
原　当初はなかったはずです。だけど、今は中央商店街に、「パチンコトーヨー」というパチンコ屋があるんですよ。老人の娯楽場みたいになっていて。この前行ってびっくりしたのは、もう都心ではとっくに消えたような機種がまだあったんです。最低百円で遊べる、ハネものと言われているような、羽根が動くやつ。あれがたくさん残っていて、おじいさん、おばあさんがけっこうたむろしている。
重松　ゆっくり楽しめるんだ。老人モードになってきたということなのかな。
原　そうですね。かなり老人が多いですね。
重松　ちょっと寄り道してしまいましたが、話を団地のイメージに戻しましょうか。

ひばりが丘団地と、西武の黄金時代

重松　滝山と、その前に住んでいた団地との差というのは感じましたか。
原　ええ。スターハウス（星形の建物）やテラスハウスがなくなって、五階建ての標準タイプだけになったこと、全戸賃貸から分譲優位の団地に移って、間取りが広くなったこと、公園の数が増えたことなど、子供なりに違いを感じました。

重松　例えばご両親が、西武沿線のこの辺はやはり違うよね、みたいな感じでおっしゃったことはあったんですか。

原　両親は一九六一年に、名古屋からまず、西武池袋線のひばりが丘団地に移って来たわけです。その時は、父親が勤めていた研究所の同僚にうらやましがられたと言うんですね。団地ができてまだ二年ぐらいで、すごく人気が高くて。当時の皇太子つまり今の天皇夫妻が団地を視察に来た翌年です。西武沿線の一つのシンボルでしたから、そこに入居できたというのでかなり鼻高々という感じでね。だから、私にもそういうのが刷り込みとしてあって、団地はいいものだと思いこんできたところがあります。

重松　それはお父さんが応募したんですか。

原　はい。一九六〇（昭和三十五）年にポリオ（小児マヒ）が大流行して、急きょポリオワクチン検定庁舎（現・国立感染症研究所村山庁舎）が北多摩郡村山町（現・武蔵村山市）にできることになり、人手不足から呼ばれたのです。ひばりが丘団地は勤務先から比較的近かったので、応募したのだと思います。名古屋では虹ヶ丘団地に入居していましたので、優先権があったんです。団地から団地へ移ることはそれほど難しくはなかったと言っていました。

重松　バブル時代の多摩ニュータウンの公団もそうだったけれども、競争率とか倍率で住まいが語られるのって、団地とニュータウンだけですよね。だから、「競争率が何倍だからこれはいいものだ」というイメージができることってありませんか。

原　たぶん、それに支えられていたと思います。実態は１ＤＫだし、すごく狭いんですよ。そん

1960年9月6日、ひばりが丘団地を視察に訪れた皇太子明仁（後の天皇明仁、2階左端）と皇太子妃美智子（後の皇后美智子、その右）。写真提供＝毎日新聞社

なにうらやましがるほどでもないんだけれども。

重松　そうですよね。普通の不動産は先着順じゃないですか。だから倍率が生まれる余地がないんだよね。公団のあの平等主義というか、先着順にしないから競争率が成立して、それが価値を高めていくという構造なのかしら。

原　だから三十回ぐらい続けて落ちると、優先的に入居できちゃうわけです。

重松　僕も一度、バブル時代で民間がすごく高かった時に、東急沿線のあざみ野から港北ニュータウン、中川にある公団に応募したんですよ。３ＬＤＫぐらいが六〇〇〇万ぐらいだったかな。往復はがきで返事が来るんだけど、落ちたらすごく残念な気がした。どっちでもいいと思っていたんだけど、落ちたら何か、すごくその物件がいいように思えてきて。そういう、逃した魚は大きかったみたいな幻想に支えられた団地人気というのもあったんじゃないですか。

原　そうですね。ひばりが丘団地も駅から歩いて行けることは行けるけれど、ちょっと離れていますしね。西武沿線の中であそこが際立って便利で、条件がいいというわけでもなかったと思うんですよね。ところが当時の皇太子夫妻がわざわざ見に来ちゃったりすると、それだけでもう、付加価値がつくじゃないですか。

重松　それは公団のイメージ戦略だったんだろうか。

原　いや、それだけではなく、皇太子夫妻の主体的な意思もあったと思います。皇太子夫妻は、アメリカを訪れる直前にひばりが丘団地を訪れた。それは当時、団地こそがアメリカ的なライフスタイルを先取りしていると思われていたからです。それははっきり言って幻想ですけれども、トイレは水洗で家電製品の普及率も高かった。逆に普通の一戸建ての場合、トイレは基本的にまだ汲み取り式ですし、家電製品も普及していなかった。「文明は駅の周辺とか団地とかにあって」と述べた開高健も、井荻には「ガスも水道もないのである。トイレはいまだに一穴式で、古式落下法をたのしむという仕掛けになっている。ガスはプロパン、水道は井戸である」(前掲「巨大なアミーバーの街で」)と書いていた。ひばりが丘団地のように、鉄筋コンクリートで天災に強く、なおかつ上下水道完備、ガスは都市ガスという住まいはなかなかなかったので、それをアメリカに行く前にちょっと見ておきたいということはあったと思うのです。

重松　そういう団地は、ひばりが丘まで行かないと、なかったわけですか。

原　そうですね。皇太子夫妻は、ひばりが丘団地を視察してから、武蔵野市の武蔵野緑町団地も訪れていますが、当時、関東で最大の団地はひばりが丘でしたね。

重松　光が丘よりも早いんでしたっけ。

原　練馬区の光が丘ですよね？　全然早いです。光が丘は、まだできていない。今では考えられないんですけれども、当時は久米川、新所沢、ひばりが丘、東久留米と、沿線にどんどん大団地ができる西武が、一番進んでいたように見えた時代だったんですよ。うちの両親もそうで、名古屋から引っ越してきた時、西武沿線というのはすごくモダンに見えたらしいんです。

重松　僕の八〇年代前半のイメージだと、西武線は冷房の普及も遅かったし、床がまだ板張りの電車もあったし、いわゆる「ダサい」感じだったんですが、それはどのあたりから逆転しちゃったんだろう。

原　たぶん八〇年前後じゃないかという気がします。七五年に青葉台に引っ越した時の東急田園都市線というのは、西武よりも遅れているように見えました。まだ多摩田園都市は開発途上で、自然がすごく残っていたんですよ。車窓から田んぼが見えて、里山的な風景があちこちに残っていた。青葉台駅のホームには、駅名標の横に「名所案内」の看板までありました。西武沿線の開発はもっと早く終わっていて、都会に見えたし、車両も西武池袋線は一九六三年には一〇両編成になっていました。池袋のターミナルも、基本的に今と変わらない構造で、本数が非常に多く、ラッシュ時には急行、通勤急行、通勤準急、準急などさまざまな種別の電車が走っていた。一方、東急田園都市線は、七五年にはまだラッシュ時でも四両で、上りラッシュ時にだけ快速がある以外、すべて各駅停車。運転間隔も、昼間は一二分おきだった。

重松　西武は、そこがもうピークだったんだ。

原　だからその時点で見ると、西武の方が進んでいるように見えた。

重松　地下鉄との相互乗り入れが遅れちゃったというのも大きいんですかね。

原　と言うより、ある時期まではひばりが丘に象徴されるように、団地というものがすごく進んでいた。西武自身はあまり住宅地を開発しなかったけれど、その代わりに団地という新しい住宅がどんどんできていくことによって、西武の客層はがらりと変わっていくわけです。ところが、ある時期から団地がイメージダウンしていく。戦後の慢性的な住宅不足が解消して団地の使命が終わり、人々の志向がマンションや一戸建てに移っていく。東急は長い時間をかけて一戸建て主体の住宅地を作っていくわけです。最初から多摩田園都市というビジョンを持ってゆっくりと開発していった。その開発が一定の段階を迎えたところで、西武を追い抜いたと思うんです。

多摩ニュータウンは「団地の進化形」だった

重松　滝山団地ですが、分譲で買った人たちのうち、永住しようと思っていた人は何割ぐらいいたんでしょうね。

原　正確にはわからないけど、けっこう多かったんじゃないかな。うちもそうですが、ローンを組んでいましたから、簡単に引っ越しはできなかった。あの辺の団地の中でも、特に滝山は「上がり」的な存在でした。そもそも、分譲主体の団地が珍しかったですし、当時の感覚で言えば3

DK、五〇～六〇平米台というのはそうとう広かった。ですから四人で充分暮らしていけると考えた人は多かったと思います。公団に大きな影響を与えた建築学者の西山夘三《うぞう》も、2DKだと子供が大きくなると住めなくなる、「もし各種の家族構成の人々がミックスしてすむ居住地にしようとするのなら、三《ママ》DKを中心に4DK、2DKなどを補助用にすべきだ。現に最近の3DK居住者の調査では八〇%が永住するといっている」（「生活革新のヴィジョン」、『展望』一九六六年十一月号所収）と述べています。

重松　永住ということで言えば、僕たちの時代は地方から東京に出てきて社会人になって、やがてバブルになって不動産を買って、値上がりしたら売ってまた移り住むという——分譲でも二回、三回と引っ越しをするというのがけっこう当たり前になったんだけど、そういう発想はもともと東京にはあったんですか。

原　分譲というのは、一戸建てから一戸建てに引っ越すという意味ですか。

重松　マンションから一戸建てでもいいんだけれども。

原　あまりなかったんじゃないかという気がします。東京では、一戸建てを手に入れるというのがまず大ごとだった。普通はローンを組んで、金利の分も含めて、長い時間かけて返済していくわけですから。特に田中内閣のもとで土地騰貴が起こってからは、大変だったんじゃないか。

重松　ローンは、住宅金融公庫、それとも民間の銀行、あるいは会社？

原　団地の分譲の場合、住宅金融公庫が最も一般的だったと思います。しかし基本的には賃貸の方が多いですから、賃貸から賃貸へ移る率は非常に高いわけです。子供が産まれたら1DKから

２ＤＫに移るとか、もう一人生まれたら３ＤＫに移るとか。公団もある程度、それを想定して作っていたと思うんです。

重松　賃貸の倍率も、高かったんですか。

原　そうですね。しかし六〇年代後半になると、団地人気にかげりが見え始め、遠くて不便な団地は敬遠されるようになります。六八年六月に募集した花見川団地（千葉市。京成本線八千代台駅よりバス一〇分）の普通分譲３ＤＫは、五一〇戸のうち申込みが二三六人しかありませんでした（『朝日新聞』六八年七月六日）。賃貸でも、六九年に募集した西上尾第一団地（埼玉県上尾市。高崎線上尾駅よりバス一〇分）では、第一次募集全員当選、第二次、第三次の募集を行っても、全戸数の八割方しか埋まりませんでした（舟越健之輔『箱族の街』、新潮社、一九八三年）。

重松　だんだん差が出てくる。

原　団地の中でも、便利なところとそうでないところが出てくる。

重松　その便利さというのは、あくまでも都心へのアクセスという意味の便利さ？

原　そうです。

重松　学校とか環境とか、そういうのよりも。

原　そう。しかし総じて七〇年代前半までは、まだ団地そのものの人気は高かったですね。当初は不便だった多摩ニュータウンもそうでした。例えば、七一年二月に募集した永山団地の特別分譲３ＤＫは、平均倍率が三一・二倍に達しています（『朝日新聞』東京版、七一年三月二日）。滝山団地住民の私だって、七一年に多摩ニュータウンができると、コンプレックスを感じるようにな

多摩ニュータウンの永山、諏訪周辺から京王・小田急の永山駅方面。2009 年 6 月撮影。写真提供＝PANA 通信社

ったんですよ。ニュータウンという言葉の響きから、これは団地の進化した形だというふうに思ってね。

重松　その時、何がいちばん進化だと思ったんですか。

原　実際に多摩ニュータウンに行ってそう思ったのではなくて、七〇年代の「少年ドラマシリーズ」（NHKテレビ、一九七二年から放送開始）の影響が大きかった。例えば、『なぞの転校生』（一九七五年）の舞台となるのは、いかにも多摩ニュータウンにありそうなマンションタイプの団地だったし、『その町を消せ！』（一九七八年）のオープニングには、まさしく多摩ニュータウンを背景に京王相模原線が走っている風景が出てくる。つまり滝山団地に住んでいた人間の感覚で言えば、五階建ての直方体形の建物が等間隔に並んでいるのが団地だと思っていたのが、多摩丘陵というアップダウンのある地形の中に、さまざまな建物が点在する風景が出てきて、そこにアイボリー色をした京王相模原線の電車がばーっと走っていく。そういうのを見て、衝撃を受けるわけです。

重松　平らなところに同じ形の建物が将棋の駒みたいに並んでいるって、名古屋時代に刷り込まれた原風景みたいなもので、すごく懐かしいんですよ。鳩岡団地がそんな感じだったし。今でも新幹線に乗っていると、新大阪なんかの周辺にはまだ平地にたくさん団地があるじゃないですか。これがすごく懐かしいのね。昔の団地ってこうだったよねという感じ。

原　首都圏の場合、初期の大団地はだいたい駅の近くの便利なところにできていく。多摩平、新所沢、常盤平、赤羽台、草加松原、高根台。どこもみな駅前なんですね。それが六〇年代後半になると、滝山団地や都営村山団地のように、駅から少し離れた郊外に作っていく。これらは武蔵野台地にできた大団地ですが、同じ時期に多摩丘陵の開発も進む。六〇年代後半から七〇年代前半にかけて、町田市から横浜市磯子区にかけての丘陵地一帯に大団地がばーっとでき、多摩ニュータウンもできてくる。七〇年五月の時点で、すでに町田市民の四四・五パーセントが団地住民になっています（『町田市史』下巻、町田市、一九七六年）。それまで、多摩丘陵というのはどちらかというと、西武園のある狭山丘陵と同じく、遊園地があるようなイメージだったんです。多摩テック、向ケ丘遊園、よみうりランド、横浜ドリームランドのような遊園地や、多摩動物公園、こどもの国などがある場所だというのが、少なくとも滝山に住んでいた頃の感覚だった。ところが大阪の場合は、香里団地のように、五〇年代後半から丘陵地に大団地ができていた。

1971年4月、国鉄（現・ＪＲ）常磐線（左の線路）と相互乗り入れを開始した営団地下鉄（現・東京地下鉄）千代田線の6000系車両。東京・足立区で。次頁本文参照。写真提供＝時事通信社

重松　それはなぜ早かったんでしょう。

原　やはり大阪の方が相対的に平野が狭いので、大規模なニュータウンを作ろうとすると、丘陵地しかなかったのです。それでも大阪の中心部からさほど離れていないので、東京みたいに不便なところにニュータウンがあるという感覚ではないわけです。七〇年に大阪で万博があった時、東京から飛行機で行ったのですが、帰りは新幹線で帰るのに、当時は万国博中央口駅という臨時の駅があって、そこから地下鉄御堂筋線に乗り入れる北大阪急行に乗って新大阪まで出たんです。大阪に行ったのはこの時が初めてだったのですけれど、まず伊丹空港から万博会場まで直行する高速バスがあまりにデラックスでぶったまげた。帰りは帰りで斬新なステンレスの電車に乗って、また衝撃を受けました。それがそのまま地下鉄に乗り入れるわけでしょう。万博の会

場自体が近未来的な空間だったんだけれども、その会場を出て電車に乗っても、まだ万博の会場にいるような錯覚に襲われるぐらい、非常にモダンだった。それに近い衝撃を東京で受けるのは、武蔵野線が開業した時です。一九七三年四月一日に府中本町〜新松戸間が開業して、その日に父親と乗りに行ったんだけれども、府中本町から新松戸まで行くと、当時すでに地下鉄千代田線が常磐線の我孫子まで乗り入れていました。新松戸から、その千代田線の六〇〇〇系というアルミ合金製の車両に乗った時に、大阪での体験に近いショックを受けたんですよ。

重松　緑のラインが入ったやつですよね。

原　そうです。当時は中央線にせよ西武線にせよ、車両と車両の継ぎ目というのは幌になっていて、ドアを開けないと隣の車両に移れなかった。ところが六〇〇〇系には継ぎ目のドアがなくて、まるでとんでもなく長い一つの車両が走っているようだった。だから車内が広く見えたし、壁面も木目調なのです。阪急と似ていますが、たぶん関東では初めてだった。だから常磐線に乗って、西武線というのがいかに遅れているかを認識させられた（笑）。

重松　西武線はステンレスになるのも遅かったんじゃないかな。八一年ごろに、東武東上線にステンレス車両が走り始めて、上板橋に住んでいた友達は「東上線ターボ」と呼んでいて、これに乗った日はいいことがあるとか言ってた（笑）。その頃はまだ、冷房車に当たるか当たらないかという話もありましたよね。

原　滝山に住んでいた頃、西武の冷房車は「この電車は冷房車です」という、青くて丸いステッカーをわざわざ窓に貼っていた。それに乗ると何か得した気分になりました。

コンクリートは善か悪か

重松　ところで、「非・東京」というか、これは農村型の価値観なのかもしれませんが、例えば僕の中にははっきりと土地への執着があります。マンションでも団地でもアパートでも、通過点というか、最終的には「土地」を持つことで完結するはずだという意識が拭いがたくあるのですが、団地の人はそういうものは？

原　それは全くないですね。例えば、五八年に初めて香里団地に入居した多田道太郎（仏文学者、一九二四〜二〇〇七）は、土地も故郷も失った「根なし草」になったことにショックを覚えたといいますが（多田道太郎、宮崎義一「高度成長社会は何であったか」、『展望』七四年十月号所収）、私の場合は最初から団地ですから、ショックも何もなかった。一戸建てに住みたいとか移りたいというようなことは、子供でも思わなかったですね。

重松　じゃあ、巷間言われる「いつかは庭つき一戸建て」みたいなサラリーマンの夢って、演出されたものなの？

原　少なくとも滝山にいた時代は、団地に住んでいるのが最先端を行っているという感覚が強かったです。前にも言ったように、コンクリートだから地震や火事が起こっても大丈夫だ、災害に強いのだというような確信もあった。

重松　なるほど。確かに、僕たちの世代って、コンクリートとかプラスチックとかに対する信仰が強くないですか？

原　ありますね。ちょっと話がずれちゃうけれども、小熊英二（歴史社会学者、一九六二年生まれ）さんが最近出した『１９６８』（上下、新曜社、二〇〇九年）では、なぜ一九六八年にあれだけ学生運動が盛り上がったのかという背景の説明をいろいろしています。田舎から都会に出て来る学生が急速に増えて、慣れない生活を始めた。その時、東京での生活で何に一番戸惑ったかというと、大学もコンクリートの棟がたくさんできた時期で、要するにコンクリート・ジャングルみたいな環境になじめなかった。そういう田舎から出てきた学生の、言わば都会に対する反乱という要素もあると書いてあって、確かにそういう面もあるのかもしれないけれども、しかしあの頃すでに東京の郊外には、大学をはるかに上回る規模の、団地というコンクリート・ジャングルがどんどんできていったわけじゃないですか。そうすると、最初からそういう環境が当たり前だと思っているような人間には、その心理は理解できないわけですよね。

ただ、団地ができた当初は、確かにそう思ったかもしれない。香里団地で発行されていた『香里めざまし新聞』にも、「コンクリートの壁をこえて生活の向上を目指す文化活動を」と書かれてあった。一九五五年の日本住宅公団設立に際しては、国会審議の質疑の中で、「お前たちはこのようなコンクリートの住宅を建設して、日本人から大和魂をうばうのか、大和魂は日本の土から生れるものだ」として、庭付き木造一戸建て論をぶたれたことまであったと当時の公団総裁が回想しています（『日本住宅公団史』日本住宅公団、一九八一年）。だけど、滝山団地ができる頃には、コンクリートがもう当たり前になっていた。

団地はおじいちゃん、おばあちゃんのいない街

重松　地方から上京した若者のステロタイプは、今も昔も、「僕って何」だと思うんです。「群衆の中の孤独」というところから全然抜け出ていない。

原　そういう意味では、先ほどの小熊英二さんの分析というのも、地方から上京して新左翼に入る学生の心理としては、なるほどと思うところがあるわけです。ただし、その地方というのは、コンクリートが全くない、純然たる農村や漁村でなければなりませんが。

重松　そんな若者が孤独を分かち合うところからお祭りが始まったりして。「群衆の中の孤独が集まった群衆」というか。

原　初めてそういうことが起こったのが、確かに六〇年代の後半だったのかもしれない。ただ、新左翼の連中は全部が地方の農村や漁村の出身だったわけではない。東京や大阪など、大都市出身の学生もかなりいたはずです。彼らは、たとえ団地に住んでいなくても、コンクリートの環境に充分適応していたと思います。

さっき四谷大塚の順位表の話をしたじゃないですか。それが毎週送られてくるのを、けっこう面白がって読んでいたんですよ。自分の順位がどのぐらいかという興味もあるけれども、それだけじゃなくて、そこに載っているやつらがどこから来ているのかというのが、面白いわけです。もちろん都心の児童もいるけれども、東久留米よりもっと遠い所沢や飯能、あるいはたまに熊谷や甲府というのもあってびっくりする。そういう中に自分もいるという実感。この実感が、自分の通う小学校で起こっている出来事を相対的に小さく見せたように思うのです。

重松　その豊かなバラエティを、上京組は東京に来て初めて実感するのかもしれない。

原　私は慶應高校から早稲田大学に行ったんだけれども、早稲田に行って一番びっくりしたのは、五十人ぐらいの語学のクラスで、八割ぐらいが地方出身じゃなかったかな。

重松　特に政経学部には多いでしょうね。なんとなくですが、全国各地の名門高校、元の藩校とか旧制中学だったりナンバースクールだったりする高校から大志を抱いて上京してくるイメージがあります。

原　北海道から九州までいましたね。山口のやつもいましたよ。山口のやつは、「ぶち何とか」って言ったり。「すごく」という意味ですよね。

重松　そうそうそう。

原　地方出身の友だちの下宿に遊びに行くと、早稲田だと練馬区や中野区あたりの西武沿線か、板橋区あたりの東武東上線沿線が多かったですけれども、やたら狭いし、風呂なしなのはもちろん、トイレだって共同だし、全然違うわけじゃないですか。一番仲良くなったのは姫路西高校出身のやつで、中央線の西荻窪に住んでいて、遊びに行ってびっくりしたのは、美保純（八〇年代初め「にっかつロマンポルノ」で活躍した女優）のヌード写真を部屋に貼っていて（笑）、そういうセンスがまず違うなと思って。

その友人の実家に遊びに行ったんですよ。姫路市の西の外れの網干《あぼし》というところで、瀬戸内海沿いの漁村の雰囲気がよく残っているところなんですよ。大きな農家で、教育勅語の額と靖国神社の写真、そして天皇の「御真影」がちゃんと飾ってあって、それらはそいつが物心ついた時からずっとあるって言うんですよね。ほとんど歴史教科書の世界じゃないですか。

重松　要するに、田舎のと言うか地方の家というのは、おじいちゃん、おばあちゃんのものなんだよね。団地はおじいちゃん、おばあちゃんを切り離したところから始まっているから、御真影はないんだ。

原　家の中にはないし、小学校にだって日の丸、君が代すらなくなっていました。大学に入って、地方出身の友だちとつき合うようになって初めて知ったわけです。

重松　団地で三世代同居というのは少ないでしょう。

原　そういうふうに設計されてないわけですから。核家族用なんですよ。

重松　おじいちゃん、おばあちゃんのいない街だったわけだよね。

原　いないです。うちの場合、祖父母は世田谷区の池尻に住んでいて、玉電（東急玉川線）があった頃は、渋谷から玉電に乗って池尻で降りて、ちょっと歩いたところにあった。今の感覚だったら世田谷区池尻といったら、渋谷にも近いし高級なイメージじゃないですか。でも当時の認識は逆で、団地の方が進んでいたんです。池尻のあたりというのは、先ほど触れた開高健が住んでいた井荻同様、七〇年代になってもトイレは汲み取り式で、バキュームカーが回っていたんです。玉電だって路面電車ですから、車があふれた国道二四六号線の中央をのろのろ走って、何なんだこれはみたいな感覚がありましたね。

重松　ところが、一九八〇年代頃には……。

原　追いつかれて、追い抜かれちゃった。東急沿線は、七五年に引っ越して以来、今に至るまで劇的に変わっているんですよ。青葉台を例にとっても、引っ越した頃の駅周辺というのは、まだあちこちに草ぼうぼうの野原が広がっていた。それから三十四年ぐらいの時間が流れましたが、私が住んでいた団地などを数少ない例外として、あとは全部変わったんです。立派な駅ビルもできましたし、高級スーパーやスポーツ施設もあちこちにできました。今なおどんどん新しくマンションが建っていて、変わり続けているんです。ではその三十四年間、西武沿線はどうだったかというと、滝山は止まったままなのですよ。

西武の弱点と、東急のイメージ戦略

重松　原さんの滝山団地時代の同級生で、結婚して子供ができて、まだ滝山に住み続けている人って……。

原　いるらしいですよ。ただ、滝山にそのまま居残っているやつはさすがにそれほどいないんですけれども、引っ越したとしても、花小金井の周辺だったり、小平や所沢といった同じ西武沿線だったりする。つまり、生活圏はほとんど変わってないんですよ。東急沿線に移ったり、横浜や湘南に移ったりすることはほとんどない。

重松　よく不動産の評価で「暮らしやすい」という言い方があるじゃないですか。これは物価が安いっていうことなんでしょうか。暮らしやすさっていったい何なんだろうと思うんだけど。

原　育ったところにはなじみがあって、西武沿線に育ってしまうと、そこから抜けられないというのもあるような気がするんですよね。

重松　でも、奥さんは別の文化圏からやって来るわけでしょう。西武線沿線同士だったらわかるけれども、全くその場所の文化を知らない人に、何を暮らしやすさとしてアピールするのだろう。

原　東急沿線に比べれば、地価がずっと安いです。そのわりには便利で、例えば花小金井でも、急行だったら高田馬場まで二〇分かからない。そういうことを考えると、あの辺はけっこう住みやすいんですよ。田園都市線とは混雑率も全然違いますから。サラリーマンが住むには、西武沿線の方がいいと思うんですよね。

重松　それを思うと、田園都市線の成功というのは、北田暁大《あきひろ》（社会学者、一九七一年生まれ）さんが『広告都市・東京』（副題は「その誕生と死」、廣済堂出版、二〇〇二年）で言ったような「広告都市」というか、イメージ作りがうまかったのかな。

原　「広告郊外」ですよね。東急資本が築いた「上質な暮らし」というイメージが、メディアなどを通してどんどん増殖していくような郊外です。その戦略は、やはりうまかったと思うんです。あとは八〇年代にドラマの舞台になったというのもありましたしね。

重松　『金曜日の妻たちへ』（TBS、一九八三年）とかね。西武はそういうメディア戦略みたいなものを考えていたんですか？

原　そこが西武の一番弱いところだったんじゃないかと思うんです。戦後、西武の総帥となる堤康次郎《やすじろう》という人は、広告業を非常にばかにしていましたので、息子で西武百貨店店長の堤清二との間でどうしても考えが合わなかった。清二は辻井喬として詩を書き、広告的な才能も持っていたわけですけれども、そこは康次郎と相容れないところで、理解されなかったと思いますね。まして鉄道事業は清二じゃなくて義明が継いでしまったので、そこはもう全く清二とは相容れない。

重松　これが反対だったら、また変わっていたかもしれない。

原　その話を辻井さん本人と『中央公論』でしたんです（「社会主義を捨てなかった文人経営者の軌跡」、二〇〇九年九月号所収）。もし反対だったらどうなっていただろうという話をしたら、辻井さんは、そんなことは考えたこともなかったというふうに言われましたけれども、もちろんそれは全然違うものになっていたと思う。康次郎には、大泉学園にせよ小平学園にせよ、開発に失敗した住宅地をもう一回何とかしようという発想もなかったみたいなんです。堤康次郎という人は飽きっぽい人で、次から次へ新しいものに手を出して、なおかつあまり執着しない。だから西武の沿線にもあまり固執しなかった。康次郎の場合、興味を持っていたのは鉄道じゃなくて、土地なんですよ。

重松　土地を売るために鉄道があった。

原　そう、土地を売るための手段にすぎない。だから他に魅力的な土地があれば、そっちへ行っちゃうんです。阪急の創業者、小林一三《いちぞう》には、沿線に自立した文化圏を築くという発想が一貫していたけれども、康次郎の場合はそうではなく、西武沿線でやったことと言えば池袋の西武デパートの拡張や、狭山丘陵での西武園やユネスコ村の開設ぐらいでした。しかし、途中の沿線をどうするのかということは、あまり考えていなかった。

重松　そこで物価の安さというのが売りになるのかどうか。というのも、今の時代は暮らしやすさの尺度として、治安の問題がありますよね。だから、物価が安いと――こういう言い方はちょ

東急田園都市線の試運転。開発される前の丘陵地帯の様子がよくわかる。1966年2月撮影。写真提供＝読売新聞社

っとあれだけれども、所得の低い人たちも住めると。そうなると、これも絶対に良くない発想なんだけど、治安が心配だという変な論法が成立してしまいかねない現状がありますよね。

原　東急は今、東武と相互乗り入れで南栗橋とか久喜《くき》まで行っていますけれども、乗り入れを始める前に東武沿線に行ってびっくりしたのは、例えば草加駅の構内に「犯罪マップ」というのが貼ってあったんですよ。草加市内のどの地区でどういう犯罪が発生したかを、全部色分けして地図で示している。そんな地図が貼ってあること自体、東急沿線では考えられないことなんですよね。

　東急沿線はセキュリティに対する関心が高く、東急セキュリティという会社まである。二〇〇五年から〇六年にかけては、青葉台駅に近い青葉区みたけ台地区で「子ども見守りサービス」も行われました。みたけ台出身の東浩紀《あずまひろき》（批評家、一九七一年生まれ）さんは、広告郊外はセキュリティ感覚と結びつくと論じています。空間的に言っても、隙間なく開発されてきているので、死角になるような場所があまりなく、犯罪率は高くない。病院もすごく充実しているんですね。特に青葉区（横浜市）は男性の平均寿命が日本一高いというのが最近すごく話題になっていて、老人にとって住みやすい街というイメージが生まれている。

重松　東急沿線の今の人気というのは、実際どうなのですか。

原　いま多く出ている物件は、あざみ野や青葉台から徒歩一五分程度、あるいはバスで五〜一〇分程度のところにある新築一戸建てで、土地が一二〇から一三〇平米ぐらいあって、建物が一〇〇平米ぐらい。それでだいたい五〇〇〇万〜六〇〇〇万円台が中心。ちょっと場所がいいとすぐ七〇〇〇万、八〇〇〇万円になります。

重松　そんなになってしまう？

原　なります。たまプラーザあたりですと、それ以上になりますね。

重松　原さんは、青葉台に永住することは考えていない？

原　考えてないですね。もっとも、いま住んでいるのは青葉台とＪＲ横浜線の十日市場のちょうど中間のしらとり台というところですから、田園青葉台団地に住んでいた時とは少し意識が違います。「対話のまえに」で、西武沿線と東急沿線の「濃度」について話しましたが、それを応用すると、同じ青葉台でも、東急しか利用できない北側の住宅地は「濃度」が高いのに対して、Ｊ

Rも利用できる南側の住宅地は「濃度」が低いのです。
重松　もし移るとしたら、今と同じ田園都市線沿線ですか。
原　本音を言えば、やはり西武沿線ですよ。
重松　やっぱりそうなんだ。
原　当然、あちらに戻りたいという気持ちはあります。先ほど言ったように、土の匂いも違いますし、東久留米は、湧き水も多いんですよ。荒川水系の黒目《くろめ》川や落合川が市内を流れていて、久留米という地名も黒目川に由来していると言われています。南沢のあたりには湧き水群があって、武蔵野の面影がすごく残っている。あの辺の風景は、やはりいいですね。
重松　僕は港北の中川に公団を見に行った時、まだ横浜の市営地下鉄が開通してなかったから、あざみ野から歩いて行ったんですよ。西部劇に出てくるような荒涼とした感じで、ここには住みたくないなと思ったんだよね。
原　それはよくわかります。最初に田園都市線に乗って青葉台を見に行った時の感覚もそれに近いものがあって、南武線の武蔵溝ノ口で乗り換えて行ったんだけれども、トンネルばかりで、いったいどこに行くんだろうと思いました。トンネルを抜けるたびに、まだ住宅地になる前の丘陵や田んぼが見えたものです。当時、すでに開発され尽くした西武沿線の住宅地から見ると、全然違っていた。東京都じゃなくて神奈川県だし、都落ちするような感じがしました。田園都市線の起点が渋谷でなく大井町というのも、西武池袋線や新宿線より格下の印象を受けました。

東京が膨張したのは戦後のこと

重松　東京は二十一世紀になっても、どんどん「足」は増えていきますよね。でも、地方は逆に減る一方です。西武沿線でバスが廃止になったという話はそんなに多くないんじゃないですか？

原　確かにそうですね。滝山団地でも、住んでいた時に走っていた武蔵小金井、花小金井、東久留米の各駅に向かうバスは今もありますし、さっきも言った病院地区を経由して清瀬駅まで行くバスもできました。東久留米駅や武蔵小金井駅に行くバスも、新しいルートを経由する系統ができています。

重松　うちの田舎では民間が全部撤退しちゃって、町営バスだけががんばって走っていたのに、合併になったら新しい町の合理化で、バスがなくなっちゃったんですよ。それはうちの田舎だけではないと思います。新幹線が通る、エル特急が停まる、高速道路ができる、というので万歳三唱してから、たった四十年で何もなくなっちゃう。それを思うと、街が年老いていくスピードは地方の方が速いのかな、いい時があまりなかったな、という気がしてしまいます。

原　確かに。ただ、新宿区の都営戸山団地（現・都営百人町三丁目アパートおよび都営百人町四丁目アパート）のように、都心の近くにも住民の半数以上を六十五歳以上の高齢者が占めるに至った団地はありますし、多摩ニュータウンでも初期にできた永山団地や諏訪団地はかなり人口が減ったでしょう。あのあたりの小学校は、開校から三十年も経たずに閉校に追い込まれたのではないでしょうか。反対に田園都市線沿線では、まだ新たに小学校が開校している。

重松　そうですね。リバーサイドなんて、最近ぐっと上がってきたわけだし。でも、そういう流行り廃りを超えて、下がってしまったり、終わってしまったり、変わってしまったりするものって、やはりありますよね。それこそ三浦展《あつし》（マーケティング・アナリスト、一九五八年生まれ）さんの言う「ファスト風土」（大型スーパーやコンビニ、ファーストフード店などが建ち並ぶ均質的な風景）はそうなんだろうなというのを実感するわけですよ。国道のバイパスのロードサイドはどこも似たような風景になって、昔だったら在来線の特急が停まっていた県庁所在地の駅前までが閑散としてしまって。

原　それは感じます。重松さんも『カシオペアの丘で』で北海道を描いていらっしゃいますね。七八年に初めて北海道に行った時には、イメージしていたのとあまりに違って、たまげたんです。ひとことで言えば、思っていたよりもずっと都会だった。札幌は言うまでもなく、旭川や苫小牧、帯広などでも、駅前には西武やダイエー、イトーヨーカドーがあり、にぎわっていた。ところが、その後に行ってみると、落ち込みが激しい。

重松　特に企業城下町と呼ばれるような街は、本当に大変でしょうね。

原　一つ思い出したことがあって、日本は五年ごとに国勢調査をやっているじゃないですか。たしか一九二〇年から始まっていて、戦前では一九四〇（昭和十五）年の国勢調査というのが最後ですけれども、見ていて面白いことに気づいたんですよ。その当時、東京は東京府でしたけれども、道府県別で見た場合に、いちばん市の数が多い道府県ってどこだと思いますか。福岡県なんです。福岡、小倉、門司、戸畑、八幡、若松、久留米、大牟田、直方、飯塚が市になっていた。二番目が山口県なんです。山口、下関、宇部、萩、岩国、徳山、防府、下松が市でした。もっと大きく言うと、当時は東日本より西日本の方が人口が多かった。大阪市も一九四〇年がピークで、三二五万人が住んでいた。そのころ東日本は、東京府で東京と八王子の二つ、埼玉県でも浦和、川越、熊谷、川口の四つしか市がない。浦和が市に昇格したのは一九三四年ですから、県庁所在地で一番遅かったわけです。東京が急に膨張していくというのも戦後なんですよ。そういう意味では、ごく近年の現象なんですよね。

重松　膨張する東京の一つの象徴が、団地だったりニュータウンだったりするわけですね。それを思うと、核家族化にしても少子高齢化にしても、団地やニュータウンには、東京や、ひいては日本のたどってきた歴史や問題点が凝縮されているんですね。

原　そうですね。団地は、戦災による慢性的な住宅不足を解消するとともに、戦後に建てられた劣悪な木賃アパートに住む人々が移る場にもなっていきました。一九四〇年当時はまだ純然たる農村だった大都市近郊の町村は、七〇年代までに次々と団地が建てられて市に昇格し、ベッドタウンになっていったわけです。それとともに、日本の人口の重心が「西」から「東」に移動していったという見方もできるでしょう。

対話II

団地の西武、一戸建ての東急

（二〇〇九年九月十四日）

団地には誰が住んでいたのか

重松　前回のお話で、先入観がひっくり返ったところが一つあります。僕は、東京の団地というのは地方から出て来た人たちが住む場所なんだと思い込んでいました。要するに、東京への人口流入が住居不足をもたらし、それを解消するために団地が次々に生まれたんだと思っていたわけです。もともと東京に住んでいる人にはすでに家があるんだから、わざわざ団地には来ないだろう、と。ところが原さんのお話では、東京に住んでいる人から見ても団地が新しい、魅力的な形だったと言う。そこが驚きだったんです。

原　私が住んでいた西武沿線というのは、だいたい一九五〇年代後半から大団地ができていくんですね。その中でも、新所沢団地（埼玉県所沢市）はひばりが丘団地と同様、一九五九年にできるんです。所沢にはもともと陸軍の飛行場があって、戦後は米軍に接収されて通信基地ができる。所沢通信基地のすぐ北西にはジョンソン基地（現・航空自衛隊入間基地）、西に横田基地、南に立川基地（現・昭和記念公園など）というふうに、あの辺はかなり米軍基地が多かったわけですけれども、所沢も基地の街というイメージがあった。

ところが、新所沢の駅前に新しく団地ができて、所沢のイメージが変わるんです。先端的なイメージの団地ができて、西武鉄道もそのあたりから住宅公団と提携して、新しい団地ができたということを盛んに宣伝するようになった。

この新所沢団地の資料を見ると、入居者がどういうところから引っ越してきたのかがわかるんです。じつは西武沿線の区部が半分近くを占めている。開高健が住んでいた新宿線の井荻（杉並区）もそうですが、新宿線や池袋線沿線の木賃アパートのような、古い形態の住まいから引っ越して来る。年齢で言うと女性は二十代、男性は三十代が多くて、男女の十代と男性の五十代以上、女性の四十代以上が極端に少なかったんです。

重松　同じ若い世代でも、地方から上京して来ていきなり団地に、というのはないわけですね。

原　統計で見る限り東京都区内からが多く、同じ東京都でも多摩地区は意外と少ないんです。ですから同じ西武沿線にある区部の狭い賃貸で暮らしていた若者が、結婚して郊外の団地に引っ越して来るというパターンが目立ちます。

重松　ということは、その少し後に東京オリンピック（一九六四年）があって、地方から東京への人口流入が一気に盛んになりますが、そういう人たちが団地に住んだというのではなかったということですね。

原　もちろん、わが家だって名古屋からひばりが丘団地に引っ越して来たわけですから、そのような面もあるのですが、五〇年代から六〇年代にかけて西武沿線にどんどん団地ができていく時代というのは、まだ東京の劣悪な住宅で暮らしている人たちにとっての憧れの住まいというイメージの方が強かった。ここには一種の逆転現象が生じているわけです。つまり、それまでは当然、都心に近い方に住むという発想じゃないですか。ところが団地ができてくると、団地は郊外にあって、常識的に見れば不便なはずなのに、その不便さを補って余りある魅力、開高健の言葉を使えば「文明」があったわけですよ。

重松　そのメリットの一番大きなところは、何になるんでしょうか。

原　色川大吉（歴史家、一九二五年生まれ）の回想録『若者が主役だったころ――わが60年代』（岩波書店、二〇〇八年）によると、色川さんは五八年に池袋の木造借家から武蔵野緑町団地（武蔵野市）に引っ越しています。中央線の三鷹と西武新宿線の東伏見の中間あたりにある団地です。引っ越して来て何が一番良かったかというと、とにかく池袋に住んでいた時に悩まされたのが、悪臭だという。木造の床の下をまわって部屋中にあふれる便所の悪臭には本当に参ったと。ところが団地は水洗トイレだった。色川さんは、「そのころの私にとって、文明とは悪臭からの脱出を意味していた」と記しています。

重松　清潔というのが大きいわけですね。前にも伺ったけれども、子供を育てる環境として団地がいいということはなかったのかな。

原　団地ができると、ゼロ歳から十歳ぐらいまでの子供が一挙に増えるじゃないですか。それに対応できなくなるんですよね。小学校はできてもすぐに教室が足りなくなるし、幼稚園や保育園はなかったりする。ですから、新所沢団地やひばりが丘団地では、自治会や「保育の会」が市や町と交渉して、幼稚園や保育園を作れという運動を起こすわけです。

重松　団地に住む奥さんは、やはり専業主婦が多かったんですか。

原　多いですね。郊外ですから、共稼ぎというのも難しい。しかし、ひばりが丘団地では保育所を作れという運動が圧倒的多数の住民に支持されたわけですから、潜在的には共稼ぎをしたい世帯は多かったのではないか。家賃の高さを考えれば、無理もないと思います。

重松　僕は作家として、劣情というのをけっこう信じているところがあります。そういうものこそが、期せずして本質をえぐり出すことがあるんじゃないかと思うんですね。団地で言えば、ポルノ映画とかで「団地妻」というのが一つのブランドになったわけです。明らかに「奥さま」と

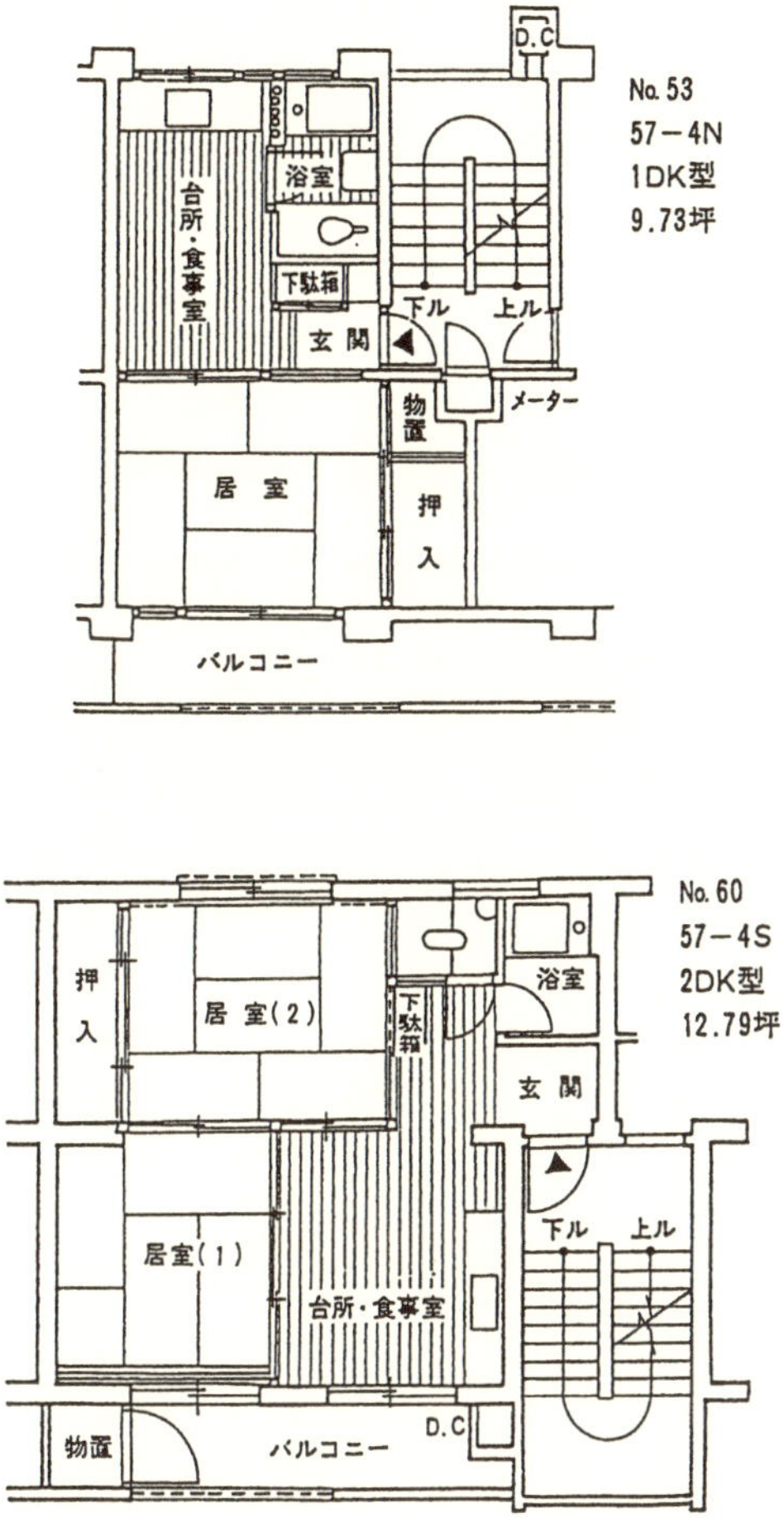

ひばりが丘団地の１ＤＫ、２ＤＫの代表的な間取り。戸数は２ＤＫタイプが最も多かった。(『日本住宅公団10年史』、提供＝ＵＲ都市機構)

いうか、若くてちょっとハイブローなイメージがあったけど、実際、そういうイメージだったんですか。もうちょっと時代が下がっていくと、団地妻イコール、ちょっと生活に疲れて、パートやって、主婦売春なんかもみたいな、何だかすさんだ感じのイメージになるけど、昔の団地妻って、もっとイメージが良かったのかなと思う。

原 たぶん、「団地妻シリーズ」のような映画が作られたのは、それまでの木造長屋形式の住宅とは違って、コンクリートで完全に密閉されているから、安心して声を上げられるというのが大きかったのではないかと思います。一九六〇年に香里団地を視察した今東光が、ベランダに干された「おしめの満艦飾」を見て、「盛んなものだね。実に生産意欲が旺盛だね」と言っているのですが（「人呼んで〝ニュータウン〟」、『いえなみ』六〇年四月号所収）、団地住民はセックスが盛んというイメージはこの頃からあった。じつを言うと、滝山団地の主婦がテレビロケをした東映と東京12チャンネル（現・テレビ東京）に抗議に行ったことがあります。七一年二月、滝山団地でテレビ映画『プレイガール』のロケを行ったことに対して、「団地婦人の乱れた私生活をどぎついタッチでとった。健全な団地の生活が傷つけられるおそれがある」と言って、抗議したんですよ（『朝日新聞』七一年二月二十日夕刊）。

六〇年に皇太子夫妻がひばりが丘団地を視察に来た時、皇太子夫妻がベランダから外を眺めている写真にも、周りの部屋のベランダには洗濯物が干してあるんです（69頁）。白い清潔な洗濯物が物干し竿にばーっと並んでいる。そこに、結婚したばかりの皇太子夫妻が微笑んでいる。だから団地妻というのは、セックスだけでなく、さっきの話の「清潔」ということにもつながっている。当時はまだ洗濯機などはそんなに普及していないわけですけれど、団地にはかなり普及していて、きれいな洗濯物を干しているというのは、清純で清潔なイメージですよね。

重松　ヌカ味噌くさいとか、そういうイメージではなくなったわけですね。

原　違います。食卓もちゃぶ台ではなく、ダイニングキッチンがあって、テーブルがあって、トースターなどもあって、朝はそこでパンを焼く。今と変わらないですよ。テーブルで食事をするというのが、団地の基本的なライフスタイルです。

重松　独立した子供部屋というのもあったわけですよね。

原　公団はそもそも、結婚したばかりの新婚世帯から、子供が一人生まれ、二人目ができてという流れに合わせて1DK、2DK、3K、3DKなど、いろんなタイプの部屋を用意したわけですけれど、六五年度からは1DKを作らず、3DKを増やしていきます。つまり基本的には二十代から三十代にかけて、子供は二人ぐらいまでの核家族に合わせた間取りを作っている。だから子供部屋を前提にした設計になっていました。

最初は賃貸から始まった

重松　当時、団地と言ったら賃貸だったんですか。

原　大団地に関する限り、初期は賃貸が多かったですね。

重松　ということは、ライフスタイルが合わなくなったら別のところに移って、入れ替わってというのが前提なんですね。

原　公団は、賃貸の場合、移ることを前提に考えていたようです。１ＤＫだと、子供が生まれたら２ＤＫに移らなきゃいけないし、西山夘三も述べていたように、子供が大きくなると２ＤＫでも狭くなりますからね。しかし実際には、必ずしもそうはならなかった。東京の住宅事情はなかなか改善されず、六六年には公団が２ＤＫでも「永住的な性格をもつようになってきている」と認識を改めています（「団地永住者は訴える」、『中央公論』六六年八月号所収）。

うちは、ひばりが丘団地の１ＤＫに住んでいた時に私が生まれて、二人目が生まれそうだというと、２ＤＫに移らなきゃというので申し込んだんです。第一希望は同じひばりが丘団地で、第二希望を久米川にしたら、ひばりが丘は落ちて、久米川に移らざるを得なかったけれども、同じ西武沿線ではあった。

重松　西武沿線は、空いている土地も多かったということですか。

原　それはありますね。中央線沿線は早くに開発されたので、駅前のいいところは、だいたい土地が埋まっちゃっているわけですよ。例外は豊田駅前にできた多摩平団地で、総戸数は二七九二戸。中央線沿線では最大規模の団地です。西武沿線では、滝山団地が三一八〇戸、都営村山団地が五二六〇戸あるわけですからね。やはり西武沿線のほうが団地の数が多いし、団地の規模も違います。

重松　すごく根本的な質問で申し訳ないんですが、団地の定義というのはあるんですか。

原　公団法第三条に、「公団が建設する住宅は、一団の土地に集団的に建設することを原則とする」とあるように、団地とは「一団の土地」を意味します。これは公団の定義ですが、一般に団地には四種類あるんですよ。公団の他に、都営や県営などの公営住宅、各都道府県の住宅供給公社（公社住宅）、それから社宅。例えば広島県福山市には、公団のスターハウス（星形の建物）と見間違えそうなＪＦＥスチールのスターハウスがあります。

重松　じゃあ、賃貸か分譲かというのは、定義とは関係ないんだ。

原　現在では、ＵＲ（公団の後身。都市再生機構）が管理しているのは賃貸の団地だけです。分譲の団地は、東日本住宅のような不動産会社が販売している。この点で、賃貸と分譲は全く違うものになっています。しかしもともとは、賃貸も分譲も公団が管理していました。公団は当初、賃貸の方を多く建設しますが、六〇年代後半からは、分譲が増えていくんです。

これは推測になってしまうけれども、住宅公団がなぜ最初は賃貸を多くしたかというと、やはり一戸建て信仰というものがあって、団地なんて永住する人などいない、やがてみんな出ていくものと思っていたからではないか。その予測が外れたのは先に言った通りです。初期は１ＤＫ、２ＤＫが多くて、広くてもせいぜい３Ｋまでだったのが、六〇年代後半以降、３ＤＫを増やしてゆく。さらには３ＬＤＫや４ＤＫ、七〇〜九〇平方メートル台の分譲を作ってゆきます。それはたぶん、初期の予想に反して、団地に住み続ける人が多かったからではないか。そうであれば、分譲にしても買う人はいると考えたんじゃないか。実際、滝山の分譲は花見川とは違ってかなり人気があり、平均倍率は第一次募集で九・三倍、第二次募集で七八・二倍に達しました（『朝日新聞』東京版六八年九月十三日および七〇年十二月十五日）。特に二階と三階は倍率が高かったため、わが家は確実に入れそうな四階を選んだそうです。

重松　いま振り返ってみると、少子高齢化になって建物も老朽化が進んでくると、分譲にしたというのがネックになってきている問題ってあると思うんです。当時の、分譲を導入するという判断は、原さんから見てどうだったんですか。

原　分譲にしたことで、たしかに移住が難しくなり、そのまま住みついてしまった人々が高齢化してゆく団地は多いと思います。（以下、後記）例えば、七一年三月入居開始の多摩ニュータウン諏訪二丁目団地は全戸五階建ての特別分譲ですが、九一パーセントの住民が賛成して建て替えが決まりました。団地住民全体が高齢化してしまったので、エレベーターのある高層棟にするしかないと判断したからだと思います。これほどの規模の分譲団地で建て替えが決まるのは、初めてのことです。

しかし、すべての分譲団地が同じ問題を抱えているかといえば、そんなことはありません。分譲にしたことで、逆に団地の衰退を免れさせている例もあると思うんです。例えば、東急沿線のたまプラーザ団地や田園青葉台団地などは全戸分譲で3LK、3LDKが中心ですが、価格は今でも二二〇〇万〜三〇〇〇万円もする。六〇年代に建設された団地としては破格の高さです。にもかかわらず、空きがなく、入居希望者があとを絶たない。駅前とは思えぬ自然環境に加えて、休日は団地内に自動車が入れないようにしますので、子育て中の夫婦にも人気が高く、子供もけっこういます。確かに老朽化の問題はありますが、頻繁に業者が出入りしていて、あまり古い感じはしません。西武と違って東急は、初めから団地を分譲に限定したうえ、相対的に少ない土地しか公団や住宅供給公社に譲渡しなかった。団地はあくまでも、多摩田園都市ができるまでにまとまった通勤通学客を確保するための方便にすぎなかった。それが結果的に、東急沿線の団地のブランドを保ってきたように思うのです。

さっき触れたひばりが丘団地もそうですが、皇太子は六〇年代後半になっても、公社多摩川団地を視察していますし、昭和天皇と香淳皇后は、六六年に千里ニュータウンを視察している。このようにして団地のイメージは上がったのですが、東急沿線の団地は違います。多摩田園都市のイメージが上がったのと連動したのです。『金妻』ブームが起こった頃、私が住んでいた田園青葉台団地は、深夜番組で「不倫のメッカ」と紹介され、たまげたことがあります。

重松　皇室がお墨つきを与えるというか、イメージアップの手助けをしていくにあたっては、誰か知恵袋がいたんでしょうかね。

原　そこはちょっとわかりません。ただ、知恵袋が全部決めているわけではなく、皇室自身の意思も入っているとは思います。

重松　当時の滝山団地では、都市ガスでしたか、プロパンでしたか。

原　都市ガスです。団地は早くから都市ガスだったと思います。

重松　なるほど。多摩ニュータウンでは、平成になったあたりでも、奥の方はプロパンの地区が残っていました。ニュータウンの方が面積が広い分だけ、行き届かないんですね。安部公房の『燃えつきた地図』(新潮社、一九六七年)に、木炭からプロパンガスに変わる、そのプロパンガスもいずれは都市ガスに駆逐されるというのがありましたが、そういうのは団地の方が進んでいたわけですね。

原　新所沢団地では、所沢ガス株式会社を設立して、ガスタンクまで作っていたようです。

重松　光が丘はもともと米軍（グラントハイツ、アメリカ陸軍の住宅）ですよね。新所沢もそう？

原　団地ができたところは違います。

重松　米軍の接収地と団地というのは、相関はあるんですか。

原　はっきりと相関関係というところまではないですね。米軍住宅があったところに大団地ができたのは、東京では光が丘だけじゃないでしょうか。

重松　というのは、ニュータウンというのは歴史がない、蓄積がないと言われるじゃないですか。でも、その「前」には必ず歴史があるはずで、山を切り崩して開発された多摩ニュータウンでさえ、戦車道路という戦前の戦車のテストコースがあったわけですから。

原　「前」がある団地は、けっこうあります。例えば、ひばりが丘団地は中島航空金属田無製造所だった。だから戦時中は戦闘機の部品を作っていて、戦争の記憶とつながっているんです。大阪の香里団地も、戦前は宇治火薬製造所香里工場があり、火薬を作っていた。赤羽台団地は、もともと陸軍被服本廠でしたし、小平団地は陸軍経理学校の一部でした。

重松　戸山ハイツの「前」も陸軍の戸山ヶ原演習場で、習志野なんかもそうですよね。

原　西武沿線で言うと、清瀬から東村山にかけて、病院地帯がありますよね。その病院地帯の中には多磨全生園もあるんだけれども、平屋建ての住宅が並んでいる。戦後の米軍ハウスの多くも平屋建てで、せいぜい二階建てまでだった。久米川のような初期の公団住宅も、四階建てよりはテラスハウスの方が多かった。つまり、住宅という点から見ると、五〇年代後半までは、多磨全

陸軍被服本廠跡地に建てられた赤羽台団地（東京都北区）。1965 年 8 月撮影。写真提供＝読売新聞社

生園と久米川団地とジョンソン基地の間に連続性があったわけです。ところが六〇年代になると、テラスハウスがだんだん駆逐されて、四階建てや五階建ての直方体形ばかりになる。滝山団地などはいちばん団地らしい団地で、五階建ての建物しかない。

重松　それは建築のスキルというか、工法の進歩とか鉄鋼資材の自由化とか、そういうことも絡んでくるんですか。

原　そうなんです。フルシチョフの時代にソ連で大型パネル工法というのが開発されて、五階建ての団地を大量に建てられるような技術革新があったんです。それがほぼ同じ時期に日本の住宅公団に取り入れられた。最初に取り入れたのは多摩平団地なんだけれども、六〇年代になるとさらに本格的に導入され、標準設計に基づく五階建ての団地がどんどんできていく。

日本の団地はなぜソ連型なのか

重松　昔ながらの団地の風景と言った時に、ある世代の人間はソ連とか東欧の社会主義国家の街並みを思い浮かべることが多いですよね。社会主義的なシステムなり思想と団地というのは、どこか親しいものなんですか？

原　団地の原型は、第一次世界大戦後のウィーンやベルリンのような、社会主義政党が強かった都市にあると思います。

重松　第二次大戦後になると、アメリカでもニュータウンができていくわけだけれども、あちらは丘の上の一戸建てというイメージですよね。一戸建てに行く思想と集合住宅に行く思想と、二つあるのかなと思うのだけれども。

原　ソ連と日本が似ていたのは、第二次大戦後、どちらも住宅が圧倒的に不足していたからですよね。大量に住宅を供給するには、一戸建てでは効率が悪い。だから郊外に団地を建設するしかなかったんじゃないかと思う。一方、アメリカはソ連や日本と違って戦災に遭わなかったので、郊外に団地ができなかった。ひろびろとした郊外に出てまで、わざわざ窮屈なアパートを作る必要がなかったからです。確かに都心にはニューヨークのクイーンズブリッジ団地のように、第二次世界大戦前に作られた団地もありましたが、自力で一戸建てを購入できる中流階級にとっては魅力的でなかった。その価値観は、戦後も変わらなかったと思います。

（以下、後記）ところが、今年（二〇一〇年）の四月にオレゴン州のポートランドを訪れ、郊外のヒルズボロに通じるMAXという電車に乗ってみてびっくりしました。ヒルズボロはハイテク産業が集まるシリコンバレーのような街になっているのですが、オレンコやカタ一マといった駅前に真新しい三階建ての賃貸アパートが非常に多く建てられていたのです。民間の会社が、まるで競い合うようにして個性的な外観のアパートをいくつも建てている。五年前にもポートランドを訪れたことがありますが、その時はあまり感じなかったことです。

これらのアパートには、中産階級のサラリーマンがけっこう住んでいるようで、家賃も一〇〇平方メートル程度で一〇〇〇ドル前後します。日本円に換算すると、九二〇〇〇円前後ということになる。もちろん、ポートランドのように公共交通機関が発達している都市は米国でも例外的ですので、これをもって一般化することはできませんが、ロードサイドに一戸建てが並ぶ米国のイメージが完全に覆されたのは確かです。

重松　なるほど。ただ「効率化」ということは、必ずしも「均一化」ではない。団地やニュータウンの印象は常に「均一化」で語られてしまいますが、例えば階数による差は分譲価格からも明らかに存在します。新築の分譲マンションの値段を見ていると、上階の方が高いわけです。一階は庭付きという付加価値があってちょっと別だけれども、基本的には、今は上の階に行くほど値段が高くなっています。当時の団地では、階数や部屋によって、家賃の差はあったんですか。

原　同じ間取りであれば、一階から四階までは差がなかったようです。しかし五階は少し安かったと思います。それは階段しかなかったからです。

重松　原さんの家は何階だったんですか。
原　最初のひばりが丘は四階、久米川が三階、滝山は四階です。
重松　それで、例えば三階に住んでいて、やっぱり四階の方が眺めがいいよなという気持ちを持つことは？
原　それはありましたね。しかし、四階に住み慣れてしまうと、五階は高すぎてかえって怖く感じました。
重松　八〇年代の終わりに、あるマンションを取材したことがあって、共益費の問題で、例えばエレベーターなんかは二階の人はほとんど使わない。高層階の人は毎日使っている。それで何で費用が同じなんだというので揉めたりしていたんです。最上階の方が、上の階からの騒音がないからいい、眺めもいいし日当たりもいい、ただし家賃も高いというのだったら納得いくけれども、同じ家賃を払っていてなぜあの人は最上階の角部屋で、私は二階の真ん中なんだろうということにはならないわけですか。
原　私は四階に住んでいたことが多いのでわかるんですが、一番上の階というのは夏が大変なんですよね。コンクリートですから、夜になっても屋根に熱がたまっていて、なかなか冷めない。寝苦しくてね。最上階の大変さというのも身に染みている。この暑さは都営より公団の団地のほうがひどかったらしい（前掲「団地永住者は訴える」）。確かに眺めはいいですけれども、エレベーターがない。団地は五階建てまでは階段しかないので、昇り降りが大変なんですよ。
重松　エレベーターがないというのが差し引きになるんだ。

永住志向の団地もあった

重松　それで、また浅学と不明を恥じるしかないのですが、いわゆる「団地族」と永住志向というのも、僕の中では今まで結びついてはいませんでした。

原　永住志向が出てこなければ、分譲で広いタイプの団地があんなに出てこないでしょう。繰り返しになりますが、田園都市線沿線では、開通直後から全戸分譲の団地が出てきます。たまプラーザ団地も田園青葉台団地も公社の桜台団地も、全戸分譲です。

重松　よくマンションの広告でも「永住仕様」と謳っているけれども、永住する団地もあるんですね。そうか、僕は分譲タイプでも、住み替え・買い換えが前提なんだと思い込んでいました。原さんご自身も、滝山団地からはずっと引っ越さなくてもいいと思っていたんですか？

原　もし開成中学校に合格していたら、ずっと引っ越さなかったと思います。

重松　前にも言ったように、僕は一九八七年から八八年にかけて多摩ニュータウンで塾の先生をやっていました。その頃は、分譲と賃貸の間で子どもたちが差別意識のようなものを持っていました。分譲の方が上で賃貸はダメだ、みたいな。そういうのは七〇年代はどうだったんでしょうか。

原　滝山では、分譲と賃貸の割合が二対一ぐらいでした。同じクラスには賃貸の街区に住んでいるやつもいて、遊びに行くとうちより狭いわけですよ。ただ、外観はどちらも同じ直方体形の五階建て住宅ですし、狭いと言っても間取りはそれほど変わりませんから、少なくとも子供にはあまり意識されていませんでした。

重松　家を分譲で買う時に、人は初めて一生がかりのローンを背負うわけだけれども、原さんのお父さんなんかは、賃貸で住んでいる時には、いずれ分譲にということで頭金を貯めている段階だったんですか。

原　いや、必ずしもそうではないと思うんです。さっき言ったように初期の団地は、全戸賃貸が当たり前。少なくとも六〇年代前半の段階では、分譲主体の大団地が出てくるということは予想していなかったと思います。

重松　そうすると、お父さんの中では、ずっと賃貸でいくのが自然だった？

原　あるところまではそうでしょうね。久米川に住んでいた時に、西武沿線で初めて分譲の滝山団地ができることを知った。その時に、分譲の団地の魅力というのがあったんでしょうね。まず部屋が断然広い。久米川は一九五八年にできて、滝山ができたのはその十年後なんですけれども、この十年の違いも大きい。その間に技術革新が進んでいって、トイレ一つとっても、久米川は和式だったけれども、滝山は洋式になるとか、浴槽も久米川は木製だったけれども、滝山はホーロー浴槽になるとか、そういうふうに変わったわけなので、今で言うと最新のマンションみたいな感覚に近いと思うんですよね。

重松　その十年の進歩がすごかったんですね。実際、久米川から滝山に移って、良くなったという実感はありましたか。

原　確かにありましたね。というのは、まず新築でしょう。非常にきれいで、ドアの色が階ごとに違っていた。部屋を仕切るガラス戸にも、しゃれた意匠が施されていました。それから、やたらに公園がある。公園が巧みに配置されている上に、遊具もお決まりのブランコとか鉄棒だけじゃなくて、子供が考えて遊べるようなものがいろいろ置かれていた。

重松　団地は、いい意味でも悪い意味でも実験をしているんだと思うんです。その時代時代で良かれと思ったことを取り入れていく。ただ、それも時代によって変わりますよね。プライバシーの確保や植栽もそうですが、今は完全なプライバシーを保つよりもご近所の気配を感じられる方が孤独死を防げるという価値観になっているのかもしれないし、公園だって緑で囲むより見通しのいい方が犯罪の温床にならないとか、人車分離は不便で良くないとか、いつもその時代の正解を追っているから、振り返ってみると試行錯誤の跡が見えるんじゃないですか。

原　だから滝山でも、団地ができた一九六八〜七〇年当時の入居者の年齢構成に合わせているわけですよ。分譲の場合、賃貸よりはやや子供の年齢が高いから、公園の遊戯施設もちょうど十歳前後ぐらいの児童に合わせて作られていると思うのですよね。一口に団地と言っても、もっと下の年齢層が多い賃貸の団地だったら、鉄棒の高さも違うでしょう。

重松　ところで、原さんはごきょうだいは？

原　妹がいます。

重松　部屋は、妹さんとは別だった？

原　小学生の時までは一緒でしたけれども、中学に入って別になりました。

重松　じゃ原さんの部屋があり、妹さんの部屋があり、ご両親の寝室がありということですよね。その時に広さに対する不満はなかったんですか。

原　少なくとも、小学生の時はなかったですね。友だちもみな団地住まいでしたから、団地以外の住宅は考えられなかった。しかし中学から慶應に入ると、友達の家に行くたびに、いかに自分の家が狭いかを痛感させられました。

重松　少し失礼な質問になるかもしれないのですが、広い家・狭い家というのを、貧富の問題に直結して考えていましたか？　家が狭いから、うちは貧しいのかもしれないというような。

原　ふだんはそれほど感じませんでしたが、中学一年の林間学校で奥日光に行ったんですね。湯元の南間《なんま》ホテルに泊まった。現天皇が終戦の時に滞在していたホテルです。さすがに違うなと思ったのは、晩飯が豪華だったこと。スイス料理が出たのです。そんなものは、うちで食ったことがない。ぶったまげて、一生懸命食っていたら、他のやつらはみんな当たり前のような顔をしていた。そういう時に、やはり違うと思いましたね。

重松　田舎の人間って、特に僕たちの世代ぐらいは、十八歳になったら進学や就職で都会に出ていくのが当然になっていました。大学も専門学校も予備校も、就職先も、田舎にはないから。逆に東京の人はずっと東京にいていいわけだから、出て行く発想なりモチベーションなりがなかなか見つけにくいと思うんですよ。

中学生か高校生の時に、NHKのドラマで、曽野綾子さん原作の『太郎物語』というのをやっていました（「高校編」を原作とした『太郎』は一九七五年、「大学編」を原作とした『太郎の青春』は一九八〇年、同じく『太郎の卒業』は一九八一年）。太郎君は東京の子なんだけれども、人類学をやりたいから名古屋の大学に行くと言って、それを周囲からは「都落ち」だと言われてしまう。非・

東京の少年としてはちょっとショックを受けたんですが、東京の人で、わざわざ住み慣れた街を後にして別の暮らしを始めるというモチベーションは、どんなものがあるんだろうと。

原　東京から地方に行くのが「都落ち」と言われるのはよくわかるのですが、東京の中にも「都会」と「田舎」があった。住所がやたら長いとか、電話番号が〇三じゃないとか、郵便番号が五桁だとか、そういう人間は差別された。私はそれに全部当てはまったわけです。あとは、通っている電車ですね。

重松　沿線差別ね。

原　東横線沿線に学校があったので、車両が古くて本数の少ない国鉄の南武線や横浜線はバカにされていた。特に横浜線は、当時まだ小机《こづくえ》－八王子間が単線だったんですね。だから一時間に二、三本しか電車がなくて、自動券売機がない駅もあったんです。南武線の沿線は梨の産地だから、おまえの家でも梨がたくさんとれるんだろうとか、そういうネタで盛り上がったりした（笑）。

西武線と早大生

重松　原さんは高校が慶應で、大学は早稲田ですよね。イメージ的には両極です。早稲田の学生に一番ぴったりくる下宿の街は、池袋の隣の大塚あたりだという説があるぐらい、やはり下町ふうじゃないですか。これにはカルチャーショックがありましたか？　それとも西武沿線出身ということで、何か里帰り感みたいなものがあったのか、どっちだったんですか。

原　地方出身者が下宿していたのは、西武新宿線だと沼袋や野方のあたりが多かったと思います。

たまに遊びに行くと、西武沿線だから、もちろんなじみがあるわけです。しかし、団地に住んでいた時は、ほとんど準急、今で言う急行しか乗らなかった。準急に乗ると、鷺ノ宮の次はもう高田馬場ですから、その間にある沼袋や野方には降りたことがないわけです。沼袋に初めて降りて、歩いて一〇分ぐらいのところに同級生のアパートがあって、その狭さと汚さにびっくりするわけです。確かに大学には近いけれども、住宅としてのさまざまな条件を比較すれば、滝山団地の方がずっといいわけですよ。

重松　僕が下宿していたのは早稲田大学のすぐそばだったんですが、あのあたりは木造モルタルの家が建て込んでいて、消防車が入って来られないような路地もいっぱいあった。友だちも西武沿線に多く下宿していましたが、踏切が多かったという印象があります。駅前もほとんど区画整理がなされていない感じで。

原　この前、日本共産党の上田耕一郎・不破哲三兄弟の実家があった野方へ、住宅地図を見ながら行ったんですよ。五十年前と今の住宅地図を見比べると、違うのは、環七（東京都道318号環状七号線）ができたことだけ。環七が一本通っただけで、あとは五十年前とほとんど変わっていないんです。消防車も入れないような狭い路地が、そのままですね。

重松　再開発をすればいいというものではないんだけれども、なぜそのあたりがずっと残っているんだろう。

原　地図で確かめてみると、どうも中野だけじゃないみたいですね。つまり西武沿線だけではなくて、阿佐ヶ谷住宅がある南阿佐ヶ谷（杉並区）のあたりも変わっていない。これだけ早くから家が密集してしまうと、街の大規模な再開発というのは、いろんな利害が絡んできてしまうので、難しいんでしょうね。

重松　学生の下宿やアパートは多いのに、不思議と、西武線には下北沢や吉祥寺のような、いわゆる若者の街がありませんよね。

原　そういうことを辻井喬さんに話したんです。辻井さんが堤義明に代わって鉄道事業を引き継いでいれば、沿線に吉祥寺ぐらいの街ができたんじゃないかという話をしました。

重松　今、西武沿線でわりと文化的なと言うか、若者の街と言うと、どこになるんですか。

原　それを今、所沢で作ろうとしているわけですよ。所沢は西口に出て一分ぐらいのところに車両工場があったんです。それがなくなったので、武蔵野美術大学の教員や関係者を中心に、現代アートの現場として活用しようとしているわけです。けれどもそれは、主体的に街を作ってゆくという発想じゃないわけです。廃墟になっちゃったので再活用するという形でしか、街を活性化できていない。

重松　もう一つ。西武線沿線に大学は？

原　いま言った武蔵野美術大学は鷹の台ですよね。津田塾大学もそうです。一橋学園には一橋大学小平国際キャンパス、玉川上水には国立音楽大学もありますが、みな支線の沿線です。池袋線だと、江古田の日芸（日本大学芸術学部）と武蔵大学、ひばりヶ丘の自由学園最高学部、小手指《こてさし》の早稲田大学人間科学部などでしょうか。

重松　日芸と武蔵美あたりがうまく手を携えてイメージアップを、っていうのは無理かな。京王や小田急に乗ると、車内広告に沿線大学マップなんていうのがあるわけですよ。やはり大学があるって大きいんじゃないのかという気がする。

原　五島慶太（東急の実質的創業者）がそれを強調しているんですよ。自分のやった一番のオリジナルは、大学を誘致して来たことだって。五島は基本的に阪急の小林一三の指導を仰いでいるんだけれども、小林一三がやらなかったことは何かといったら、東京高等工業学校（現・東京工業大学）を大岡山に誘致し、慶應大学の予科を日吉に誘致したと言うわけです。本当は小林も関西学院や神戸女学院を誘致しているし、堤康次郎も今の西武沿線に学園都市を作ろうとしたんですね。大泉学園に東京商科大学（現・一橋大学）、小平学園に明治大学を誘致しようとしました。

重松　大泉も一橋学園も、先に駅名だけは決まったけれども、来なかった。大学誘致では、京王線が一番成功していますよね。法政や中央もあるし、首都大学東京もある。

原　でも、京王が積極的に誘致したわけではないでしょう。多摩丘陵に土地が余っていたからだというふうに聞いています。

ロードサイドか線路サイドか

重松　さっきの八〇年代の沿線ネタの話に戻ると、僕が大学一年生の時、一九八一年の時点では、『日刊アルバイトニュース』に載っているアルバイト先の勤務地の区分が、城東・城西・城南・城北だったんです。今のように沿線別じゃなくて、そういうブロックの分け方だった。そういう言い方は、東京の人は普通に使っていたんですか。

原　そもそも、江戸城が宮城になり、戦後は皇居になって「城」はなくなったわけですから、そんなに使わないです。言い方自体はありますよ。学校や郵便局の名前にもありますけれども、それほど定着はしていないですね。

重松　東京の人にとっては、京王沿線とか井の頭線沿線みたいな、沿線で語る方が自然？

原　城南とか城北よりはね。

重松　環七とか環八とか甲州街道とか、道はどうですか。うちは甲州街道沿いだよ、みたいな。

原　ないわけじゃないですけれども、ちょっとわかりづらいですよね。京都は住所が道路表示のようになっていますから、また違うんでしょうが。

重松　原さんは、車の免許はいつ取ったんですか。

原　大学時代に。

重松　その時に、車は持っていた？

原　妹が持っていたので、それを使っていました。

重松　けっこう乗っていましたか。

原　それほどではないけれども、時々は使っていました。今はもう大学にも基本的に車で行っています。

重松　僕は大学二年生の時に免許取って、すぐに古い車を先輩から買ったんです。それでお歳暮の配送なんかを車持ち込みでやっていたんですが、車を運転し始めると、また東京の地図が変わっていくんです。鉄道じゃなくて、道路を覚えていく。これは僕には新鮮だったんですよ。だから今でもタクシーに乗ると、外苑西通りをあそこで曲がってこうなってとか言えるのだけれども、ではその最寄駅はどこなんだと言われると、ぴんと来なくなっていて……。原さんはこんなに複雑になった東京の地下鉄でも、ぱっと把握できますか。

原　だいたいできますね。

重松　それは原さんが鉄道好きだからなのか、それとも都会の子というのはそういうものなんだろうか。

原　やはり日常的に利用しているから。都心に行く場合に、地下鉄でどう行ったらいいかというのを調べるじゃないですか。あるいは、青葉台に帰る時に座れるか、座れないかというのは重大なことなんですよ。そうすると、例えば池袋から家に帰る時に、普通だったら渋谷経由で帰るじゃないですか。けれども、夕方以降は渋谷からは絶対座れませんから、どうしても座って帰りたい場合には池袋から地下鉄丸ノ内線に乗って、大手町で半蔵門線に乗り換えて帰るわけですよ。そういうことを考えていると、自然と詳しくなるでしょう。

重松　新路線が開通すると、ぱっとバージョンアップはできるわけ？　乗りに行くんでしたっけ、原さんは。

原　いや、乗りには行きません。しかしいま言ったように、どうしたら座って帰れるかは考えます。この前、副都心線が開通したじゃないですか（東京地下鉄、和光市〜渋谷間）。そうすると、例えば和光市あたりから帰る場合でも、池袋で降りないでそのまま渋谷まで座って行けそうだとか、当然考えるわけじゃないですか。だから直接自分の使う線とは関係がないように見える線であっても、間接的には関係あるんですよ。郊外に住んでいる人間にとっては、そういうのがけっこう重大な関心事。

重松　小田急でも、多摩センターの方に行く多摩急行の方が空いてるんだよね。ただ、八王子あたりに住んでいた当時に思っていたんですけれども、いわゆるヤンキーはバイクと車で移動するから、道路で地元を把握する。だから横浜線沿線という感覚ではなく、あくまでも一六号（国道）だと思うんですよ。そこでメンタリティが変わってくるのかなという気はしないでもない。

原　東浩紀さんと北田暁大さんの対談『東京から考える』（副題は「格差・郊外・ナショナリズム」、ＮＨＫブックス、二〇〇七年）では、一六号線的郊外を「ジャスコ化する郊外」と呼んで、青葉台のような「広告郊外」と対比させています。

重松　だから、ロードサイド（幹線道路沿いに、自家用車で訪れることを前提に作られた店舗や施設）という発想が生まれる。線路サイドではなく。多摩ニュータウンのあたりは、ロードと線路――鉄道の、ちょうど境界だっていう感じがする。僕が塾の先生をやっていた一九八七年、八八年あたりはまだ鉄道が多摩センター駅止まりで、そこから先は、南大沢方面にしてもバスなんですよ。ということは、鉄道なんだけれども徒歩圏内じゃなく、野猿《やえん》街道あたりを通っていく。三浦展さんがロードサイドや「ファスト風土」という言葉で表現する一六号沿線というのは、鉄道が一番まばらなあたりじゃないですか。環八（東京都道３１１号環状八号線）あたりまでは鉄道の密度もある程度高いけれども、一六号になるとさすがにまばらになる。

原　一六号線をずっと進んでいくと、あちこちに米軍基地や米軍補給廠が出てくるわけですよね。

横田とか相模原とか横須賀とかね。そういう意味でも郊外の姿というのが変わってくる。

重松　座間《ざま》であったり厚木であったりね。それと同時に、一六号沿線というのは「博打ゾーン」なんです。公営ギャンブルもいっぱいある。

原　東京を中心とする鉄道網というのは、基本的に都心から放射状に延びていく。それを初めて意識的に打ち破ったのが武蔵野線で、開通は七三年ですね。そこで初めて全然違う風景を見たという気がするわけです。前にも言ったように、私は開業当日、府中本町から新松戸まで乗ったわけですが、最初は地下を走って、新秋津あたりでやっと地上に出て、新座とか朝霞の辺を走るんだけれども、こんなに田舎なのかというのが正直な感想で、つまり池袋や高田馬場から西武線に乗っている分には、基本的には住宅がずっと続いていくわけじゃないですか。そういう風景を見慣れていて、初めて東京を縦に縫うような線に乗ると、鉄道と鉄道の間にはじつは何もないということに気づく。

武蔵野線で思い出したのは、南越谷と吉川の間に越谷《こしがや》レイクタウンというのができたんです。たしか日本一大きなイオンもできた。レイクタウンというぐらいで、人造の湖を作った。その周りをイオンの他、真新しいマンションや一戸建てが取り囲むような構造になっているんだけれども、もともとは広大な低湿地帯だったところです。あの辺は中川とか綾瀬川とか元荒川などの川がたくさん流れているんですよね。だから、地盤が悪そうなところに人造湖とスーパーだけ作ったような印象を受けました。

西武は失敗したものの、少なくとも沿線に文化を作ろうとした形跡はある。ところがＪＲというのは、そういうことを何もやらないわけでしょう。レイクタウンはイオンとＵＲ（都市再生機構）が主体で作られ、エコをキーワードとした街づくりが進められていますが、もともと何もなかったところに、単に街だけ作っても住む気にはなれません。中央本線の四方津《しおつ》に隣接している「コモアしおつ」も、何もないところにできた住宅地だと思うんですけれども。

重松　ＪＲが民営化して張り切った時代がちょうどバブルでしたし、八王子に住んでいた頃には、よく「コモアしおつ」の折り込み広告が入っていました。どんどん価格が下がっていくのを実感したし、ショッピングセンターはけっきょくできたのかな、どうなんだろう、と心配にもなります。

原　あれは、駅前からエレベーターやエスカレーターで丘の上まで昇って行く。

重松　地元と接点なしですよね。だから、あの丘の上で街がきちんと完成しないと、かなり暮らしづらいだろうと思います。

原　中央特快を大月や河口湖まで延長したのは、「コモアしおつ」ができたことも関係あると思うんですよ。鉄道アナリストの川島令三は「コモアしおつ」に住んでいて、名刺に「新宿から最速一時間八分」と書いてあった。

重松　前回、フリーになって国立に住んだ時に、ＪＲの――当時はまだ国鉄だったけれども、切符が何でこんなに高いんだと思った話をしましたよね。やはり、国鉄は私鉄に比べて高いですよね。

原　特に一九七六年に、最低運賃三〇円をいきなり六〇円にするなど、平均で五〇パーセント値上げしたのが大きいですね。それまでは概して、私鉄より国鉄の方が最低運賃は安かったんです。そのころ私鉄は確か四〇円でした。ところが国鉄は赤字がだんだん膨らんでいくとともに値上げを繰り返して、三〇円が六〇円になり、八〇円、一〇〇円と、短期間にどんどん上がっていった。だから七〇年代後半から、国鉄の方が高いイメージに逆転するんですよね。

重松　特に田舎の高校生は大変なんですよ。田舎のJRは病院通いの高齢者と高校生で保っているようなものなのに。私鉄はないし、バイク通学もできないから、基本的に国鉄のローカル線で、学割定期でも高いわけですよ。そういうところで高くするのは逆だと思うんだけれども。

原　それをまた、採算に合わないからって第三セクターにすると、ますます上がるでしょう。

重松　もっと高くなっちゃう。でも、路線の存続のためには、車と比べて割高で不便だとしてもどんどん使うしかない。

原　そうしないと、なくなっちゃいますから。

「中央線愛」は存在するか

重松　郷土愛の延長みたいなもので、「沿線愛」みたいなものって、私鉄にはその文化的なものも含めて何かあると思うんだけれども、JRにはそういうのはあるんですか。横浜線愛とか。ああ、中央線にはあるか。

原　中央線にはあると思いますね。例えば『東京人』（都市出版）が何度、中央線特集を組んでいることか。何度も組むというのは、よく売れる証拠ですから、よほど愛している人がいるということですよ。

重松　それは、上京して中央線沿線に住んだ世代の人たちの「愛」ではないですか。中央線沿線に生まれ育った人がそういう気持ちを持つのかどうか。知り合いの中央線育ちに聞くと、やっぱり吉祥寺から西荻窪、荻窪、阿佐ヶ谷、高円寺というあたりに住んでいると、そういう感じはあるみたいなんだけど。具体的には七〇年代のリベラルで革新的な風土というのが、今でも残っている。RCサクセションの忌野清志郎さんも都立日野高校出身で、三多摩的な自由という感じですよね。僕は世代的にフォークの終わりくらいだったから、とにかく東京に行ったら中央線という感じでしたね。連想ゲーム的にはヒッピーとか長髪にフォークギターということになるんだけれども、それは上京組のロマンなのか、それとも東京の人もそう思っていたんでしょうか、中央線は日本のインドだ、みたいな。

原　しかし、六〇年代や七〇年代に中央線がそういう文脈で語られていたようには思えません。

重松　それがなぜ八〇年代に出てきたんだろう。東京が成熟したのかしら。

原　小木新造（文化史学者、一九二四〜二〇〇七）の『東京時代《とうけい》』（日本放送出版協会）が八〇年に、藤原新也（作家・写真家、一九四四年生まれ）の『東京漂流』（情報センター出版局）が八三年に出ましたけれども、あの頃から東京論ブームみたいなのが出てきたじゃないですか。そうすると、一枚岩に見えた東京の中の差異みたいなものが強調されてくる。

重松　僕自身は、東京の個々の街を初めて意識したのが、一九八〇年に「文藝」賞をとった田中康夫さんの『なんとなく、クリスタル』（河出書房新社、一九八一年）でした。それまでは、矢沢永吉の『成りあがり』(小学館、一九七八年)的な、上京する際の目的地としての大ざっぱな東京しかイメージしていなかったのが、急に細かくなった。いきなり洗足《せんぞく》のコーポラスがどうしたこうしたって、そんなものを山口県の高校生が読んでもわからないんだけれども、何かすごいと思ったんです。同時に、糸井重里《しげさと》さんが作詞した沢田研二の「TOKIO」があり、YMOの「テクノポリス」があったりで、ニューミュージックでよく歌われた上京していく先の東京じゃなく、東京に住んでいる人が東京と戯れるみたいな、上京組にとっては非常に敷居が高くなった感じがした。つまり、山口県の田舎者の少年が「わしは東京に行くけんのう」で済んでいたのが、東京の世田谷区の下北沢のなんとか通りのなんとかビルの地下、みたいなところまで意識しなくてはいけなくなってしまったわけです。

だから東京に出て来て最初に買ったのが、『アングル』という、今で言うと『東京ウォーカー』みたいな感じの情報誌でした。それから『ぴあ』を買うというのが上京組の必須の行動。さらに『日刊アルバイトニュース』の巻頭に折り込みで入っている路線図をはさみで切って、アパートの扉の窓のところに目隠しも兼ねて貼るっていうのが、当時の早稲田の下宿生の記号的な定番だったんです。だから街や路線を覚えるということがすごく大変だった記憶がある。

原　その点、ずっと東京の郊外に住んでいると、路線図だってあまり意識しなくても覚えちゃいますからね。

重松　東京の人って、青春のリセットというものがもしあるとすると、いつになるんですか？僕たちは、上京、一人暮らしっていう大きなリセットがあったけれど。

原　確かに上京はあり得ないですよね。しかし例えば大阪に行って、阪急に乗るでしょう。するとカルチャーショックを受けますよね。大阪駅と梅田駅は近いんだけれども全然つながってないとか、広告が少ないとか、車掌のアナウンスで決して国鉄の乗り換えを言わないとか、そういうことがいちいち気になってくる。東京といかに違うかがよくわかり、東京を対自化できるのです。だから『「民都」大阪対「帝都」東京』（講談社選書メチエ、一九九八年）という本を書いたのは、そのショックというか、それが原体験としてあったんです。

重松　住もうとは思わなかった？　志望校を京大とか阪大にするという発想はなかったですか。

原　そこまではなかったな。

重松　そもそも、なぜ慶應高校から早稲田に進まれたんですか？

原　それは慶應の文化に合わなかったのが大きいでしょう。さっきも言いましたけれども、慶應でカルチャーショックを受けたのは間違いない。東京の中でも違いがあるんだということがよくわかりましたし、幼稚舎出身の同級生の家はだいたいが田園調布や奥沢、等々力《とどろき》、瀬田、碑文谷、神山町、松濤《しょうとう》など東急沿線の一戸建てなんだけれども、その広さも半端じゃない。お手伝いさんがいるとか、お母さんがすごい美人とか（笑）、その衝撃は大きいんですよ。だから、重松さんの場合は上京が東京を対自化する契機になったと思いますが、私の場合、東京を対自化する前に東京を差異化していたのかもしれません。

重松　小学校時代ぐらいから、想像の世界であっても、東京以外の街に住むというのはあったんですか。

原　それはないですね。父親の職業上、それは考えられなかった。

重松　逆に滝山にずっと住むというイメージは、わりあいリアルにあったんですか。

原　それはありました。

重松　地方出身者って、いま住んでいるこの街にずっと一生いるというのはあり得ないわけですよ。少なくとも大学はだいたい外に行くわけで。だから、パラサイトシングルという発想は、やっぱり東京のものなんだろうなという気がする。

原　十三歳になる直前までずっと西武沿線の団地を動いてきたので、そこから東急沿線に移ったことは大きかったですね。そこで西武沿線と東急沿線がいかに違うかっていう、カルチャーの違いを感じたことが大きかった。

重松　それで大学は早稲田に行くと、今度はまた西武カルチャーが……。

原　戻ってくるんですよね。

「鉄ちゃん」をひた隠した大学時代

重松　原さんは政経学部の政治学科でしたよね。学科には地方出身者が非常に多かったというお話を伺いましたけれども、確かに地方のナンバースクールとか旧制中学を出たようなやつらが多いですよね。どうでした、田舎の人間を東京の人から見ていて。

原　最初は何かダサいというか、違うなと思ったんだけれども、慣れてくると慶應のブルジョワ的な雰囲気よりはいいなと思うようになりました。前回も話した姫路西高校出身のやつとか、名古屋の千種《ちぐさ》高校出身のやつとは親しくなった。

重松　学費なんかは早稲田より慶應の方が安いのにね。イメージって怖いよね。

原　学院（早稲田大学高等学院）出身がいたじゃないですか、あれは嫌でしたね。近親憎悪のような感じで、一人も仲良くなりませんでした。

重松　田舎の人間で、何となくあいつは早稲田の政経だというのはわかるんです。生徒会長とか、わりと志を燃やす的なやつは、早稲田の政経に行って雄弁会とか早稲田精神昂揚会みたいなところに入っちゃうやつが多かった気がする。

原　確かに、私が入ったゼミは藤原保信《やすのぶ》先生という指導教授で、わりと勉強熱心な連中が入るんですよ。今でも覚えているんだけれども、最初の自己紹介のときに、どんなサークルに入っているかというと、政治経済攻究会に入っていますとか社会科学研究会に入っているとか、そんなのばっかりだった。私はとても恥ずかしくて言えない軟弱サークルだったから、ちょっと圧倒されちゃいましてね。

重松　何のサークルだったんですか。

原　テニスアンドスキーサークルとか言ってね。

重松　それって、本当に多かったですよね。夏はテニス、冬はスキーってやつ。

原　女子大と一緒になっているというのしか入ってなかったんで。

重松　そういう面では、すごく八〇年代の学生だったんだ。鉄ちゃんじゃなかったんですか？

原　鉄ちゃんは、ひたすら隠していましたから。

重松　僕は東京に出て来て、テニスというスポーツがここまで一般的なんだと初めて知ったんですよ。みんなミズノのブラックジャックとか、デカラケがどうしたとか普通に話しているんだよね。

原　ただ、確かに表向きはテニスアンドスキーとか言っていたけれども、テニスもスキーもあまりやっていなかった。

重松　基本的にコンパというか。

原　まじめにテニスをやっているサークルも確かにあったけど。あと、どの女子大と提携するかでまた全然違うわけですよ。ポン女（日本女子大学）とか学短（学習院女子短期大学）あたりが多かったと思いますが、うちはそうでなかった。

重松　ひどいのになると、早稲田の女子は入れないというサークルがあったもんね。代わりに富士女子（現・東京富士大学短期大学部）とか、いろんな短大系を集めるのが多かった。ちょうど僕たちの世代が短大の時代ですよね。そこからどんどん減っていった。

原　短大生は、意外に地方出身者が多かったですね。うちのサークルは特にそうだったかもしれません。山形出身の昭和女子短大の女性を好きになってしまったのですが、なぜかというと、逆に東京の人間であるがゆえのコンプレックスからなんです。冬は一面の銀世界で吐く息も白いなんて話を聞くだけで、ロマンチックな想像をかきたてられてしまう。ただ、そういう地方出身の女性と話すときにも、自分が鉄道マニアだということを知られないようにして、わざと知らないふりをするんですよ（笑）。

重松　当時から、鉄ちゃんに対する偏見ってあったんですか？

原　ありましたよ。だから、知らないふり。

重松　当時は、埼玉と千葉は悪く言われていたよね。「ダサイタマ」とか。沿線では京成線が田舎者扱いだった。やはり東横線、田園都市線、それから井の頭線、あの辺が人気高かったのかな。

原　確かにそういうのもあったんでしょうけれども、早稲田での多数派は西武や東武だったじゃないですか。逆にあまり東急沿線の人がいない。だから、早稲田に通っている間は東急であることの優越感は持っていなかった。

重松　そのテニスサークルには何で入ろうと思ったんですか。

原　鉄道マニアとしての過去を封印するためですよ。ここで人間改造する（笑）。

重松　八〇年代初めの大学生のファッションというのを思い描くと、トレーナーとかスタジャンが流行って、それをサークルでユニフォームにしたりとか、ありましたよね。学生運動も下火になって、僕たちの頃には立て看板もだいぶ減っていました。代わって軟派なサークルが増えてきた時代だったんだけれども、今の大学生は、うちの娘なんかサークルに入ってないの。入らなくても、外でいっぱい友達がいるんだよね。携帯とかネットがあると、大学のキャンパスまで行かなくたって、いくらでも世界はできちゃう。だから、大学のサークル文化というのがあった時代と、それが終わった時代というのがあるのかなという感じはするんだけれども。原さんが今の明治学院の学生たちを教えていて、時代が変わった感じはありますか。

原　部活動はまだやっていますよね。ただ、キャンパスの場所が悪いせいか、いろんな大学を横断するような組織というのは少ないです。

重松　明治学院で原さんが教えていらっしゃるのは、戸塚にある横浜キャンパスですよね。学生は市内から通ってくるんですか？

原　地方出身者は戸塚近辺に住んでいます。自宅から通って来るのは神奈川、東京ですよね。

重松　戸塚の駅前には、いわゆる学生街みたいなものはありませんよね。近くに別の大学はないのかな。

原　近くにはないですね。SFC（慶應義塾大学湘南藤沢キャンパス）がわりと近いですけれどもね。

重松　合同でサークルを作ったりとかは。

原　あまりない。同じ横浜の大学にしても、横浜市立大とか横浜国大とか神奈川大とか、そんなにつき合いがないです。

重松　そうなると、学内のサークルとか部というのが大事になるのかな。

原　白金《しろかね》キャンパスとの交流はありますけれどね。

重松　白金とは、教養と専門で分かれるんですか。

原　国際学部だけはずっと横浜です。あとは一、二年が横浜で三、四年が白金という学部が多い。

重松　逆に、四年間同じキャンパスで過ごす早稲田のような学校の方が珍しいのかな。

原　最近はまとめる方が増えているんですよ。例えば東洋大学も、文系学部を文京区の白山《はくさん》に統一しようとしている。

重松　面白いですよね。一時は青学（青山学院大学）が厚木に行ったりとか、分散していたじゃないですか。今は逆に統合というのは、なぜなんでしょうね。

原　都心に回帰する傾向なんですよ。青学の文系学部も青山キャンパスに統合しますよね。少子化が進んでくると、やはり学生街があったり、充実した図書館があったり、交通が便利だったりする方が学生の人気が高くなります。

重松　一回郊外へ向かったベクトルが、またどんどん戻ってくる。でも、そうなると都心に戻ったあとの土地をどうするかという問題が出てきますよね。明治学院だって、もしも白金に統合しようという話になったら、戸塚の広大なキャンパスはどうなるんだろうとかという、そういう議論は出てきませんか。

原　そこまで議論はしてないですけれども、白金に統合するという話はないわけじゃない。

「丘」のつく街

重松　また街の話に戻りますが、例えば小説で架空のニュータウンを書こうとした時に、「なんとかヶ丘」にすればまずみんながイメージできるというのがあります。「丘」の持つイメージは、いかにも新しく、また住宅街に特化している。京王線で言ったら、金子という駅がつつじヶ丘になったりしています（一九五七年改称）。「丘」とか「台」という志向はいつ頃生まれたのでしょうか。

原　京王線のつつじヶ丘は、たしか「平仮名」プラス「ヶ丘」という駅名の最初の例なんですよ。それまでは東急東横線の自由ヶ丘（現・自由が丘）などがあったんですよね。もともとは近くに九品仏《くほんぶつ》浄真寺というお寺があったので、九品仏前という駅名だったのに、大井町線が開業して、もっとお寺に近いところに九品仏という駅を作っちゃった。それで近くにあった自由ヶ丘学園という学校の名前を取って自由ヶ丘に改称したのです。だからあそこは別に丘でも何でもないんですよ、むしろ周囲より低いぐらいだったんですね。逆に言うと、それがいい前例になっちゃった。つまり必ずしも台地の上になくても「丘」と付けていいという。けっこういい加減なんですよ。西武池袋線のひばりヶ丘なんかも、完全に嘘ですよね。

重松　泉麻人《あさと》さんが『東京23区物語』（主婦の友社、一九八五年）で東武伊勢崎線の曳舟《ひきふね》とか鐘ヶ淵とかの駅名を冗談めかして「そこはかとない不安感を与えます」と書いたように、やはり水辺はマイナスで高台がいいんだというイメージがずっとあったと思うんですよ。ウォーターフロント開発でそれをひっくり返そうとしたと思うんだけれども、そういうふうに高台がいいというふうに思われるようになったのはいつなんでしょうね。

原　たぶんそれは、山の手の成立と重なってくると思うんです。下町に対して山の手というのができますよね。三浦展さんの『下流社会』（副題「新たな階層集団の出現」、光文社新書、二〇〇五年）では、第一山の手、第二山の手、第三山の手、第四山の手という分類を提唱している。つまり東京の住宅地の発展というのは西に向かって山の手が拡大していくということを書いていて、第一山の手は上野の山や本郷、第二山の手は池田山や代官山、第三山の手は田園調布や成城、第四山の手は田園都市線沿線などの多摩丘陵。ただ、それだけでは説明しきれないところもある。例えば国立は、田園調布や成城と違って、国分寺崖線の下にあるのに「山の手」感がある。また、西武沿線だったら、狭山丘陵が第四山の手にならなきゃいけない。確かに多摩湖畔には、西武が開発した住宅地が若干あるんだけれども、多摩田園都市にはならなかったわけですよね。ひばりヶ丘はいま言ったように全くにせものの丘で、全く高くなっていないのに、住宅公団が人工的な地名をつけて差異化を図ろうとした。

言うまでもなく、そうした地名を大々的につけたのは多摩田園都市でしょう。一九六〇～七〇年代ですよね。ここは確かに丘陵地だから、「～台」や「～ヶ丘」という地名がついてもおかしくはないのだけれども、あれほど集中的に地名を変えたのは初めてだったんじゃないか。「広告郊外」の成立は、そうした地名の氾濫とも密接に関わっている気がします。

水を恐れるDNA

重松　これは僕の、伊勢湾台風後の名古屋にいた人間の実感から来ることだけれども、土地や家を買う時に、この辺は水が出ますよとか、昔の方がはるかに水害というものにナーバスだったと思うんです。東京でも川の氾濫が多かったわけで、水に対する恐れというのもあったんでしょうか。

原　それはあるかもしれないですね。と言うのは、昔は利根川がよく氾濫したわけでしょう。例えば一九四七年のカスリーン台風では、栗橋（埼玉県）あたりの堤防が決壊した。すると幸手《さって》や春日部のあたりはすぐに水浸しになる。高校一年の時、地学の自由研究で調べたことがありますが、関東平野というのは盆地のようになっていて、栗橋あたりの標高が一番低いんです。海抜一〇メートルぐらいしかない。地盤沈下の激しいところとしても有名だった。

重松　東京について学ぶ時、江東区のゼロメートル地帯はよく小学校の授業なんかで言われていたんですね、川より低いところがあって、堤防で守っているんだっていう。長良川にも「輪中《わじゅう》」ってあるでしょう。家の周りに堤を作って水から守るあれと同じような感じで。昭和三十年代、四十年代あたりまでは、今の感覚ではわからないぐらい、水が出るということに対する警戒感があったんじゃないのかという気がするんですよ。

原　だから、東武日光線の南栗橋が住宅地として開発されるなんて思わなかったですね。あの辺は最近、家がたくさんできたけれども、東急沿線に比べれば価格ははるかに安い。さいたま市ができた時、見沼《みぬま》という地名を区名にしようとして、反対があったでしょう。「沼」はイメージが悪いって。でも見沼というのは非常に由緒ある地名で、今尾恵介（地図・地名研究家、一九五九年生まれ）さんが指摘されたように、むしろ由緒ある地名なのだから誇りにすべきではないかと思うのです。でも不動産屋にとっては、たとえ嘘でも「丘」や「台」が付いた地名の方がいいんでしょうね。

重松　都市伝説とか都市怪談も含めて、水って――鈴木光司さんが『仄暗い水の底から』（角川書店、一九九六年）というホラーでお書きになっていますが、やっぱりDNA的に恐怖や不安と結びついているんじゃないか。田舎の方でも昭和四十年代、五十年代までは護岸工事などの治水事業がずっと続いていました。

原　それでまた思い出したのは、一九七四（昭和四十九）年の台風で多摩川が決壊した出来事を

1974（昭和 49）年 9 月、台風 16 号で東京・狛江市付近の多摩川堤防が決壊、濁流にのまれる民家。写真提供＝毎日新聞社

ドラマ化した『岸辺のアルバム』（TBS系テレビドラマ、一九七七年）です。小学校六年の時にニュースで見て衝撃を受けましたね。一戸建てが次々と濁流に呑まれていくわけですから。あれを見た時、やはり団地の安全性を確信するとともに、川の近くは怖いなと強烈に思いましたね。

重松　また、先ほど話に出た「コモアしおつ」もそうですが、丘の上には、世界がそこで完結、充足しているというイメージもあります。下界から隔絶されたというか、見たくないものは見ずに済むし、触れたくないものも触れずに済むという。大規模な団地の場合も、水平的に「丘」を作っているという側面はありませんか？

原　ええ。団地という人工的な空間の中に安住している限り、「外部」を意識する必要は全くないわけです。だけど、『滝山コミューン…』

でも書いたように、例えば自転車で団地の外に行ってみると、全然違う風景が広がっているということに、嫌でもぶつからざるを得なくなる。そうなった時に、団地という空間がいかに特殊で、周りから浮き上がっているかが否応なくわかってくるわけですよね。

重松　滝山の規模がもっと大きかったら、それに気づくのがもっと遅かったかもしれない。だからちょうど五年生、六年生の行動範囲で外を発見していくというぐらいの大きさだったのかな。

原　そういう大きさだったのかもしれないですね。

重松　原さんが今お住まいの東急田園都市線も、宮崎台・あざみ野・藤が丘・青葉台・つくし野・すずかけ台・つきみ野というように、「丘」を意識させる駅名が多いですね。

原　そうですね。多摩丘陵にあるので、自由が丘と違って偽りはないのですが、だいたいはいったん丘を切り崩して人工的に開発しているところが多いですから、そうすると緑の感じもいかにも人工的に見える。六〇年代から開発が始まっているので、それなりに大きくはなっているんですけど、西武沿線の見事なケヤキと比べると、何となく嘘くさいんですよね。あと、西武沿線ではみんな自転車を持っている。団地は特にそうでした。青葉台に引っ越して来て違うなと思ったのは、自転車が使えないんですよ。

重松　アップダウンがあるから。多摩ニュータウンもそうですよ。

原　老人が増えてきて、暮らしにくい街だとこぼしているのはそこでしょう。老人にとっては、じつに難儀な街になっちゃった。先日、モスクワの団地を見て来たんです。モスクワは基本的には地形がフラットなんですよ。雀が丘という丘があって、登ると市街が一望できる。丘と言って

モスクワ郊外、ノーヴィ・チェリョームシキにある団地の風景（上、撮影＝原武史）。下は滝山団地（東京都東久留米市）の風景。やはりフラットな地形に五階建ての団地が整然と並んでいる。撮影＝新潮社写真部

もせいぜい一〇〇メートルあまりしかないんだけれども、周りがみんな平らなのでそれでもかなり高く見えるんですね。モスクワの集合住宅というのはフラットなところに五階建てや十一階建ての建物が規則正しく並んでいるような風景で、団地の中に入ると、ベランダに洗濯物が干してあったりとか、ジャングルジムや滑り台やブランコがあって、子供が遊んでいてお母さんがそれを見ていたりとか、日本とそっくりなんですよ。

それを見てつくづく思ったのは、東急の郊外というのは確かにイギリスのガーデンシティをモデルにしている。多摩田園都市や田園都市線の「田園都市」は、ガーデンシティの訳語です。だから東急的郊外はロンドン的な郊外に通じている。ところが西武的な郊外は、明確なモデルがないにもかかわらず、モスクワ的な郊外に通じているという感想を持ったんです。堤康次郎は五島慶太に激しい敵意を燃やして、五島の死後も「この悪党めという気があって、いまでも五島慶太ががしゃくにさわってしようがない」と言っているほどですから、西武が東急とは全く異なる郊外を考えていたとしてもおかしくはない。

しかし、たとえ西武的郊外がモスクワ的郊外に通じているとしても、まさか日本住宅公団と西武が提携して新所沢団地を建設した時から、ブルジョワの東急に対抗して、郊外に社会主義の理想を実現させようと考えていたわけではないでしょう。堤康次郎は徹底した反共主義者でしたから、そんなことはあり得ない。けれども、日本共産党に入党した堤清二を西武百貨店店長にしたことを踏まえると、あながち妄想とも言い切れないような気がしてくるのです。

対話III

左翼と団地妻

（二〇〇九年十一月十九日）

社会主義の影響は?

重松　原さんは雑誌『考える人』(新潮社)で「レッドアローとスターハウス」という評論を連載中です。あの連載は団地と社会主義が大きな主題の一つになっていると思うのですが、まずは「団地と左翼」というものをもう一度、見取り図として教えていただけますか。

原　前回も触れたように、集合住宅の起源というのは第一次世界大戦後のベルリンやウィーンにあって、それが五〇年代以降、モスクワやレニングラードなど、ソビエトの大都市郊外に大々的に出てきた。一九五五年に日本住宅公団ができているわけですが、日本住宅公団史にははっきりとは書いていないけれども、公団の関係者がソ連に視察に行き、大型パネル工法を学んでいるのは明らかだと思うのです。要するにフルシチョフの時代、モスクワやレニングラードの郊外に五階建て団地ができていくのと、日ソ国交が回復した鳩山一郎内閣の時代に日本住宅公団ができて、東京や大阪の郊外に大団地ができていくのとは、見事に重なっているわけですよね。

重松　一つの街ができるんですね。それはのちのニュータウンのように、周辺から独立して、その街自体で完結しているわけですか?

原　初期の大団地というのは、香里団地のような例外はあるにせよ、だいたい駅前あるいは駅からかなり近いところにできているという感じがするのです。首都圏で言えば、多摩平、常盤平、新所沢、ひばりが丘、百合ヶ丘、赤羽台、草加松原、高根台。みなそうです。駅名だって、新所沢、ひばりヶ丘、百合ヶ丘、松原団地、高根公団などと付けて、団地を売りにする形で沿線イメージを上げようとする戦略を、私鉄会社は少なくとも六〇年代の前半までけっこうやっているわけなんです。ところが六〇年代後半になると、それこそ滝山みたいに……。

重松　駅から遠くなっちゃう。

原　ええ、もうバスでないと行けないというふうになってくる。町田の大団地が特にそうで、町田駅前には山崎団地、木曽団地、藤の台団地などに行く神奈川中央交通のバスが集結するようになります。そうなった時に、団地からニュータウンへの過渡的な段階に移行する。初期の団地というのは、駅前にあるということで、完全には自立できないわけですよ。

重松　既存の街に溶け込まざるをえないんですね。

原　例えば、多摩平団地は中央線の豊田の駅前にある。だから、団地が独自の商店

ＪＲ中央線・豊田駅北口のほぼ駅前にある「多摩平名店街」。団地の中というよりも、街なかの商店街という印象。撮影＝原武史

街を持っているわけじゃなくて、団地住民は豊田駅前の多摩平名店街で買い物をするという形になっている。多摩平の自治会の資料を読んでいて面白いなと思ったのは、ここは立川に近いわけですよ。立川というのはもちろん基地の街で、有名な話ですけれども、特に朝鮮戦争（一九五〇〜五三年）の頃には非常に風紀が乱れました。だから立川の東隣にある国立は、いち早く文教都市宣言をして、街を守りましたよね。

多摩平も、立川に隣接しているという意識があるんですよ。七〇年代になって米軍機が飛ばなくなっても、立川基地をもう一度、自衛隊の訓練基地として活用するという話が出てくると、団地の住民が過剰なまでに反対する。国立同様、立川に米軍基地がある頃から風紀が乱れることに対して著しく敏感で、パチンコやトルコ風呂に反対するのはもちろん、ボウリング場にまで反対する。いわゆる健全な娯楽と思われるようなものまで侵入を拒絶するような空気があって、それはとりもなおさず立川と中央線でつながっているという認識があったからじゃないかと思う。駅前の団地というのは、駅から完全に自立できないからです。ところが、六〇年代の後半になって滝山のような団地ができてくると、少なくとも多摩平のように駅と直接はつながらない。駅とはバスを介して確かにつながっているけれども、しかしこれはバスに乗った瞬間からもう、団地住民しか乗っていないという独立性がある。だから、他の地域の人間がそこに流れ込んで来る余地はないわけです。

さらに七〇年代になって、多摩ニュータウンが開発されますよね。そうすると、今度は鉄道自体がどん詰まりになる。京王相模原線や小田急多摩線のように、ニュータウンが終点となる鉄道ができて、より大々的な形で自立した街ができていく。しかし多摩ニュータウンの場合、京王と小田急の双方が乗り入れたことで中和されてしまい、一つの私鉄の「濃度」が高くならなかった。ここは滝山団地との大きな違いだと思います。

団地と米軍基地

重松　八〇年代の初めに上京してきた僕には想像しかできないんだけれども、昭和三十年代、四十年代の東京で、米軍というものがどれだけ大きな存在感を持っていたか。砂川（旧・北多摩郡砂川町、現在は立川市砂川町）もそうだし、豊田の多摩平もそうだし、相模原や座間のあたりもそうだけれども、米軍基地が東京近辺にまだたくさんあった時代と、左翼・社会主義とはどう関連しているんですか。

原　特に多摩地区は大きいと思っていて、五〇年代後半の砂川闘争の際には全学連が活躍したのは有名ですが、既成左翼と新左翼は対立していたし、農民の共産党アレルギーもあって、共産党の支持率はきわめて低かった。しかし六〇年代に多摩地区で共産党が支持を伸ばしてゆく背景には、団地が増えて革新意識を持った新住民が増え、基地問題に対する関心が高まったことがあると思います。六六年にできた都営村山団地（北多摩郡村山町。現・武蔵村山市）は、立川基地に近いので米軍機が上を飛んでいて、爆音に悩まされていたわけです。

重松　だから東京を知らない僕たちが、あの当時見た、米軍機の騒音のために小学校が二重窓になっているような映像で思い浮かぶのが、やはり団地の風景で、米軍機が団地の上を飛んでいる映像とセットになって記憶に残っている。それを思うと団地は、僕たちが後追いで思う以上に、いわゆる戦後というものと密接に関係している。そうなると、社会主義や左翼というのも反米・反基地ということと相当近しいのかなと思って。

原　団地が増えていく時期が、ベトナム戦争（一九六五〜七五年）の時期と重なっているわけですよね。特に東京の西側では、横田基地とか米軍野戦病院のある朝霞《あさか》基地とか、あの辺の上空は非常に騒がしかったわけでしょう。六九年の都議選では、共産党が「現在不足している百万戸以上の住宅を建てるにしても、基地をなくせばそのうちの四十万戸は、広場や学校や文化施設を備えた総合的な団地としてすぐ建設できるんです」と訴えています（『読売新聞』都民版、六九年六月二十六日）。

今のお話で思い出したのですが、私が東大の社会科学研究所に勤めていた時の同僚でもある和田春樹（歴史学者、一九三八年生まれ）さんは、西武池袋線の大泉学園にずっと住んでおられます。一九六八年五月、和田さんは勤め帰りに大泉学園の駅前で、ビラを配っていたんです。そこには、「大泉学園駅のまえから北へ向かってバスのはしるこの桜並木のつきあたりに何があるのか、みなさんはもう知っている」「アメリカの汚い戦争の基地が隣町にあり、ベトナムの戦場より汚い戦争の戦士たちを護送するのに私たちの町の空が使われているのを、みなさんは我慢することができるのか」と書かれていた。大泉の上空はちょうど、横田から朝霞に米軍の負傷兵を運ぶルートに当たっていたんですね。こういう状況を市民の力で変えなければいけないということで、「大泉市民の集いニュース」を出し始めたんです。それをこの前、和田さんからごっそりいただいたんですけれども、ここには六〇年安保に際して石神井公園の久野収（哲学者、一九一〇〜九九）らが中心となった「むさしの線市民の会」にも通底する、西武池袋線独特の市民主義があるような気がします。

重松　いわゆる市民運動ですよね。戦後で左翼と言ったら、僕ら西の方に生まれていると、やはり労働者なんですよ。東京でも大田区あたりだと、労働者たちのサークルがあったじゃないですか。

原　下丸子文化集団。

重松　そう。ところが、団地の左翼というのは、労働組合とか労働運動とは全く別の形であったわけですよね。

西武線と「赤旗まつり」

原　そうですね。もう少し正確に言うと、六〇年安保の時には社会党、共産党を中心とする既成左翼と、学生を中心とする新左翼、それから「声なき声の会」に代表される無党派市民がいて、「むさしの線市民の会」は声なき声の会に近かった。しかし一方、ひばりが丘団地には不破哲三もいたわけです。久野収らはひばりが丘団地を訪れて講演をしていて、不破さんもそれを聴いているのだけれども、けっきょく合流はせず、別個に「ひばりが丘民主主義を守る会」を作るのです。「守る会ニュース」はブルジョワを連想させる市民という言葉を嫌い、人民という言葉を使っている。だから、六一年の西武運賃値上げ反対運動のように、左翼勢力が広く結集することはあっても、一つにはなれませんでした。

それに関連して面白いなと思うのは、一九六二年から一九七五年の間、共産党が多摩湖畔の狭山公園で、ほぼ毎年「アカハタ祭り」（六六年より「赤旗まつり」）をやっているのです。最寄り駅は西武多摩湖線の多摩湖（現・西武遊園地）でしたが、西武西武園線の西武園や西武狭山線の狭山湖（現・西武球場前）からも行けた。つまり、西武の支線三線の終点が集まったようなところで、共産党最大のイベントを開いていたわけです。

本来、多摩湖や西武園のある狭山丘陵というのは、堤康次郎が最晩年に威信をかけて、ディズニーランドにも負けない一大レジャーランドにするつもりだった。ところが、皮肉にも共産党のイベント会場になっていくわけです。開催される前の日の『アカハタ』（六六年より『赤旗』）を読んでみると、西武の広報紙と勘違いしそうになる。なぜなら西武の路線図が書いてあって、高田馬場や池袋からの臨時ダイヤも載っているうえ、多摩湖、西武園、狭山湖の三駅が利用できる周遊割引切符まであるからです。まるで西武と共産党がタイアップしているんじゃないかと思えるほどです。不破さんに直接うかがったところ、たまたまそこが空いていたからだと、実も蓋もなく言われてしまいました。

しかし、あそこでやることで、少なくとも西武沿線の人たちは行きやすかったということは間違いないですよね。それまでは浜離宮のような都心でしたから、郊外からだと行きづらいところでやっていたわけじゃないですか。それを思い切って狭山公園に移して、少なくとも十年以上にわたってずっとやっていたということは、やはりそれなりの理由があったのではないか。

重松　なぜ郊外と左翼が結びついたんでしょうか。

原　すべての郊外が左翼と結びついたわけではありません。八王子市のように、共産党の支持率が伸びた六〇年代でも、自民党の衆議院議員総選挙での得票率が常に四〇～六〇パーセント台と、他党を圧倒していたところもありますから。しかし、郊外に団地ができていくこととは、やはり関連があると思います。前も話したように、当時の団地は憧れの対象だったわけでしょう。低所得の労働者が住めるようなところではないし、確かに上田耕一郎や不破哲三が住んではいたけれど、最初から共産党の地盤になっていたわけではない。それがなぜ、共産党の支持が増えていったかと言うと、団地という集合住宅が規定している同質性や集団性に加えて、理想と現実のギャップの大きさがあったと思うんです。つまり、すごい倍率で入った。ところが日本住宅公団が提供したのは、いわばハードとしての器だけだったわけです。あとは勝手に自分たちでやってくださいというような態度だった。

いざ入ってみると、狭いのはまだいいとして、電話がない、保育所がない、幼稚園がない、小学校が足りない。しかもスーパーの物価が高いというないないづくし。行政学の用語でいえば、シビル・ミニマムを満たしていないわけです。政治学者の松下圭一は、「あのような公団団地の設計を許容したこと自体は予算不足よりもむしろシビル・ミニマムの思想の未成熟にあるといわなければならない」（「シビル・ミニマムの思想」、『展望』七〇年五月号所収）と批判しています。郊外ですから、お父さんが通うのだって時間がかかるし、団地がどんどん増えてゆけば鉄道のインフラが追いつかなくて混雑率が上がる一方になる。それなのに、運賃を値上げする。公団も家賃を値上げする。とにかく、年がら年じゅういろんな問題が出てくる。

だから、こういう問題を解決するために、自治会ができるわけです。じつは敗戦直後、同潤会江戸川アパートメントにも自治会を作ろうという動きがあったのですが、「戦時以来の街のボス的勢力が、自治会その他の新しい仮面のもとに、各町政に依然悪い影響を及ぼしている」という理由で禁止された（『同潤会アパート生活史』同潤会江戸川アパートメント研究会編、住まいの図書館出版局、一九九八年）。しかしもちろん、団地ができてゆく時にはもう独立を回復していますから、こういった規制はありませんでした。

どの団地の自治会も、山積する問題に追われる。しかし、自治会を作った男性たちは、仕事を抱えていて充分に取り組めない。そうすると、専業主婦である女性がしだいに増えてくる。もともと育児や教育、物価の問題は女性の方が敏感ですから、より熱心に取り組むわけです。一九六一年の共産党第八回大会で、議長の野坂参三が「反帝反独占の民族民主統一戦線の一翼をになう婦人戦線の統一」のための「単一の大衆的な全国的婦人組織の確立」を唱えたのに伴い、その翌年に共産党系の「新日本婦人の会」ができますが、会の創立を呼びかけた羽仁《はに》説子、いわさきちひろ、櫛田ふき、壺井栄、丸木俊はみな西武沿線に住んでいた。特に久留米町（現・東久留米市）の学園町に住んでいた羽仁説子は、すぐ近くのひばりが丘団地の自治会に呼ばれて講演もしています。そうすると、団地内に「班」が生まれ、自治会の役員に女性の共産党員が増えてくる。ひばりが丘団地の自治会新聞を読んでいると、六八年にはその傾向がはっきりとうかがえます。

重松　「子供たちのために」という謳い文句と言うのかな、労働組合運動ではなくて教育問題として入ってくると、今度はお母さんが主役になるという流れがある。
原　そのことと団地の成立はすごく関係があると思っていて、つまり団地というのは基本的にホワイトカラーの核家族が入るわけじゃないですか。そうすると、父親の収入でみんなを養うわけだから、お母さんは専業主婦でいられる。もちろん本音を言えば、保育所に子供を預けて自分も働きたい世帯が多いんだけれども、基本的には専業主婦ですよね。専業主婦が多いということは、団地では、お母さんたちが自治会の主役になるわけです。どの団地でも、六〇年代後半には奥さんがほとんど役職を独占するようになっていく。それと同時に出てくるのが、苦情なんですね。そうすると、何かと言うと、自治会が特定の党派に独占されているという話が出てくるんです。そうすると、自治会は断固として反論するわけです。断じてそんなことはないと。
重松　それは自治会が、いわゆる時代背景とか、団地という均質性の強い条件のために不可避的に党派性を帯びてしまうのか、それとも意識的にそれこそ共産党が、ここに票田があるとばかりに送り込んで組織していったのか、どっちだったんだろう。
原　どちらもあるでしょう。特に公明党や共産党のような組織政党にとって、団地は支持者を増やすのに非常に効率の良い構造をしている。例えば新聞なんかを配るにしても、集中的に配れますしね。実際に一九六二年十一月四日の『アカハタ』には、党勢拡大特別週間に共産党本部細胞などが、ひばりが丘団地で拡大運動を行った記事が掲載されています。
重松　非常に網をかけやすいというか、それこそ「我らサラリーマン」と言ったらみんな入っちゃうわけですよね。それから教育の問題だよと言ったら、みんな入るわけですよね。

原　一九六七年の衆議院議員総選挙では、議長の野坂参三が選挙戦の終盤にひばりが丘、久米川、村山、多摩平の各団地を回っています。これは六三年の総選挙でもやっていて、当時一歳だった私が初めて覚えた人名が野坂参三だったそうです（笑）。六八年四月九日の『赤旗』は、1面を使って党幹部や党員と団地住民五名（千里ニュータウン、十日市場団地、神代団地、高根台団地、草加松原団地在住）との座談会を掲載しています。

重松　マンションで『赤旗』を配ったという公務員の裁判も進んでいますが（二〇一〇年三月、東京高裁の控訴審で一審の判決を破棄し無罪との判決）、昔の団地は郵便受けも集合郵便受けですよね。あれって、オルグしようと思ったら一番効率的じゃないですか。

原　そうです。いま言った『赤旗』の座談会では、米原昶《いたる》という、米原万里のお父さんが参院選の東京地方区予定候補として出てきて、「団地は新しいスタイルで、一つの建物のなかに何人も住むという形になり、大体が勤労者です。だから、とくに封建的な風習を破っていく条件があります。勤労者を居住地で組織していくのに、こんないい条件はありません。意識的にとりくめば非常に大きな力に、なっていくのではないかと思います」と発言している。よくわかっているわけです。七二年には総戸数が一〇〇〇〇戸を超える高島平団地の入居が始まりますが、七五年と七六年に行われた調査では、ともに団地住民の支持政党は共産党が最も多く、支持政党がないと答えた住民でも、革新系支持が保守系支持を圧倒しています（『団地新聞高島平』七五年二月十五日、七六年十二月一日）。

重松　非常にポリティカルなものが入ってくる。ところで宗教は入ってなかったですか。

1977年頃の高島平団地（東京都板橋区）。撮影＝新潮社写真部

原　創価学会でしょう。特に墨田区や足立区など、東京の東側の都営団地では創価学会がかなり入って来る。東京の西側でも、都営村山団地などには多かった。つまり公団よりも都営の団地の方が強い傾向がある。七三年には、創価学会に団地部もできますからね。婦人部や青年部の他に、団地部ができるんですよ。六八年に西武国分寺線の鷹の台駅付近に創価中学・高校ができていますけれども、そうすると、そこに子供を通わせるために、周辺の団地に住むケースも増えてくる。小平市に隣接する東久留米市の滝山団地でも、そういう家はありました。

重松　やはり女性と子どもが中心になる。

原　そうですね。一九七六年の衆議院議員総選挙では、武蔵村山市で公明党の得票率が二六・九パーセントと、東京都で最も高くなるのですが、なぜ創価学会の信者が都営村山団地に増えていったかというと、家賃の安さに加えて、六八年にできた創価中学校や創価高校に通いやすいという理由が大きかったのかもしれません。西武拝島線と西武国分寺線を乗り継げば、団地の最寄り駅である玉川上水から鷹の台まで、たった三駅で行けますからね。お父さんは通勤が大変だったと思いますよ。しかし子供と、教育熱心な母親の意向には逆らえなかった。

重松　面白いのは、専業主婦と言ったら、今は保守の側が積極的に肯定していますが、専業主婦が自治会とかＰＴＡに積極的に関与して、むしろ革新に行ってしまったのがあの時代の団地なんですね。

原　確かに公団の団地ではそうです。公団に入居できる世帯は、都営よりも恵まれた層が多いので、家電製品の普及率が非常に高かった。そうすると、余暇が増えるじゃないですか。洗濯や掃除を機械に任せられるようになった結果、集会所の人形教室に通ったり、自治会の活動に積極的に関わったりすることができるようになった。そこに革新系の組織が入り込んでくる。

重松　それこそ山村工作隊みたいな、団地工作隊ってあったのかしら。

原　共産党の「細胞」や、新日本婦人の会の「班」ですね。例えば、五八年に入居が始まった多摩平団地であれば、六〇年安保闘争に際して、「多摩平声なき声の会」というのができ、六四年には「たまだいら平和の会」になるけれども、同年には「新日本婦人の会たまだいら班」もできている。同様の例は、同じく五八年に入居が始まった大阪の香里団地でも見られます。「声なき声の会」に相当する「香里ヶ丘文化会議」が六〇年にでき、六三年頃には「新日本婦人の会香里班」ができている。しかし、声なき声の会や香里ヶ丘文化会議と、新日本婦人の会では、組織の性格がかなり違います。

重松　声なき声の会や香里ヶ丘文化会議は自然発生的に？

原　自然発生的です。きっかけは、さっきも言った六〇年安保闘争です。多摩平声なき声の会は六〇年六月五日に結成され、「憲法と安保条約の関係」「安保問題をめぐるマス・コミの問題」などをテーマに、月一回勉強会を開きました。一方、香里ヶ丘文化会議は、多田道太郎や樋口謹一ら京大人文科学研究所のメンバーを中心として九月四日に結成され、当初はやはり「団地で安保反対のデモを」を合言葉に「市民主義の団地における実践」を目指したのですが、九月四日には安保闘争が事実上終わっていたため、「文化サークルとしてのイメージを追う空気が強まった」のです。しかし香里ヶ丘文化会議は、『香里めざまし新聞』というミニコミ紙を定期的に発行し、保育所や青空マーケットの開設など、市民主義にもとづく活動を続けました。

重松　五八年に団地に入って来る世代といったら、それこそ戦前生まれですよね。いわゆる戦後の、新しい民主主義の時代の訪れというものを一番肌で感じた世代が、初期の団地の住民だったわけですよね。

原　そうです。その世代が、民主主義の危機を感じて市民主義的な行動に出たと思うのです。しかし六〇年代後半になると、どの団地もしだいに政党や組織の力が浸透していき、市民主義は後退していったように思います。その典型が滝山団地で、自治会がはじめから共産党の支部によって作られたのです（松田解子「『こんなちっちゃな子を連れて…』―東京都東久留米市の滝山団地支部をたずねる」、『月刊学習』七四年十二月号所収）。

団地妻はなぜ浮気をするのか

重松　ここで、前回にもちょっと出た「団地妻」について、しつこく蒸し返したいんですが（笑）、ゴダールの『彼女について私が知っている二、三の事柄』（一九六六年製作）という映画は、パリの団地の主婦売春の話だったじゃないですか。団地妻というのは全く新しい女性、単に専業主婦と言ったのでは足りないものがあるんじゃないかという気がするんです。

ポルノ映画の一つの定番だったんだけれども、団地妻のパターンは、旦那さんが朝、出勤する。出勤した後はもう別の顔の奥さんになって、しかも最初に犯される場所も部屋の中なんだよね、入って来るわけ。だから扉を閉めてしまえばもうそこは密室で、しかも旦那は何も知らずに会社に行き、帰って来たらまた何食わぬ顔で迎えるという。山の中とかに連れ込んで犯すんじゃなくて、部屋の中で扉を閉めた瞬間にそこが山奥と同じになっちゃうというのは、団地のある種のネガティブなものかもしれないけれども、特質でもあるのではないかな。

原　それが逆に、初期の団地では大きな魅力だったんです。丸山眞男（政治学者、一九一四〜九六）が「超国家主義の論理と心理」で、「我が国では私的なものが端的に私的なものとして承認されたことが未だ嘗てないのである」と述べたように、それまでは私的なものが、何程かのうしろめたさを伴っていたわけでしょう。木賃アパートの長屋形式で、壁はあっても薄くて隣の物音は筒抜け。そういう密閉性がないところでは、セックスも安心してできない。ところが団地というのは、日本の住居で初めて私的空間を積極的に認めるスタイルを確立させた。シリンダー錠で鍵をかけてしまえば、完全に公的空間から隔離されるわけですから、若い夫婦にとってはどれだけ大きな魅力だったかわからないと思いますよ。

例えば、高島平団地の新聞では、乳房や目、眉、唇など、女性の身体の部位の形でセックスを占う記事を、図解入りで堂々と掲載しています。「乳首がプクリともりあがるようにして、上向き」の乳房の「性感はすばらしく、愛情面も豊か」だとか、「〈眉と眉〉の広いのは、いたって多淫。しかもセックスは大味」とか、「おちょぼ口の女性は、ひじょうに官能的で、セックスのボルテージが高く、こんな女性を恋人や奥さんにもつ男は天下の果報者」とか、引用しているだけで恥ずかしくなる文章があふれています（『団地新聞高島平』七二年五月二十日、七月十五日、八月十五日）。

重松　すごい！　当時の高島平に住みたくなった（笑）。

団地妻とか主婦売春と言ったら、さっきのオルグの話じゃないけれども、いつの間にか団地じゅうのいろんな奥さんがやっているというような、ある種の神話ですよね、それが成立してしまう背景があったと思うんですよ。それってもしかしたら、姑がいないというのが一つの大前提としてあって、それから家事も家電製品があるから少ない時間で済む。だからよく昔の、ちょっとエッチっぽい漫画なんかで、奥さんが退屈だったから浮気してみました、みたいな感じの落ちってけっこうあったわけ。だから団地って、奥さんを退屈にしてしまった街でもあると思うんです。その退屈を向ける先に、例えば教育があったりいろんな活動があったりしたのかもしれなくて……。

もちろん、すべてを「退屈ゆえに」という一語に貶めるつもりはまったくありませんが、その後に急増するカルチャーセンターやテニスクラブといった団地・ニュータウン的な小道具や、いわゆる『金妻』的な物語の背景には、退屈をいかにしのいでいくかという要素がひそんでいる気がして、それはもしかしたらあの時代以前にはあり得なかったものかもしれない、とも思うんです。

自治会ができる団地、できない団地

重松　明治学院の公開セミナーでもちょっとお話ししたんだけれども、民主主義は多数決が原則ですよね。その多数決を成り立たせるためには、すべての人の一票が同じ重みを持たなければいけない。そこに差があってはいけない。一票は一票だと。その時に、団地的な均質性は、一票が平等に行くんだということをそうとう担保し得る形態だったんじゃないかなと思うんですよ。

原　そうですね。だから団地の自治会の役員選挙にしても、一人一票で必ず投票しようという話になってきますよね。六二年三月四日に行われた香里団地の自治会総選挙では、「居住者一同打って一丸、私情を捨て、私欲を排し、ともに手をとり腕を組んで、まともにこの選挙にぶっつかろう」（『香里団地自治会新聞』六二年二月二十二日）と呼びかけている。

重松　ここで確認です。本当に無知で申し訳ないんですが、自治会と文化会議というのは違うものですね？

原　そうです。いま言ったように、自治会は全戸加入を目標に掲げ、役員の選挙も大々的に行いますが、香里ヶ丘文化会議のような組織はあくまでも少数です。しかし、団地の集会所を会合の場所に使っている点は同じですし、人数は少なくても、文化会議は『香里めざまし新聞』を全戸に配布して、かなりの影響力を持ちました。

自治会はたいがいの団地にはできるのだけれども、田園都市線沿線のたまプラーザ団地は七五年まで自治会ができなくて、管理組合しかなかった。自治会が下手にできると、政治的なものに利用されてしまうことに対する警戒感があったのではないか。これはいかにも東急的というか、無党派層の多い田園都市線らしい現象だったと思います。

他方で賃貸の団地では、自治会があるのは当たり前で、なおかつ自治会に入っていないやつはけしからんみたいな空気が出てくるんです。あくまでも加入は任意ですよ。だけど自治会の活動が盛んになってくると、非加入者に対する抑圧が出てくる。要するにおれたちはこんなに頑張って闘って、家賃の値上げを阻止したり牛乳の共同購入を実現させたりしているのに、あいつらは何もやってないという声が絶対に出てくるんですよ。例えば常盤平団地では、「家賃値上げ阻止運動などは相当の盛り上がりがあるというものの、日常は会員が会費を出し、それによって利益だけを享受している人が多い。これでは会費を払っている会員がバカをみるというものである」（『ときわだいら』七二年三月一日）、「自治会を認めない非会員には当然差をつけるべし」（同、七二年七月一日）という意見が強かった。

重松　ごみ掃除なんかを休むやつはお金払わなきゃいけないとかね。だから、これはいいか悪いかというのは別問題なんだけれども、多数決が信じられていた。だから団地と学校は、戦後民主主義の多数決の原則を一番わかりやすくしてくれた二つのものだと思うんですね。逆に言えば

「みんな」というものの暴走にもつながっていって、その両方があったのが『滝山コミューン…』だと僕は思っているんです。

原　先ほど話した香里ヶ丘文化会議では、多田道太郎や樋口謹一らが、コンクリートの壁を超えた民主主義の可能性について、かなり深く考えていました。樋口謹一という人は、あまり知られていないけれども、西洋政治思想史、特にルソーの研究者として、政治学の分野では著名な方です。樋口のルソー研究は、香里団地における民主主義の実践と結びついていたというのが、私の考えです。しかしこうした人々は少しずつ香里団地から引っ越してゆき、七〇年代にはもう香里ヶ丘文化会議の活動は完全に停止してしまいました。六〇年代になり、団地がどんどん増えてくると、最初からコンクリートの壁が当たり前という感覚になってしまい、そこから民主主義の可能性について問い直す姿勢はもう出てこなくなるわけです。

重松　その時に、子供会とか、親ではなくて子供が紐帯になっていくコミュニケーションはあったんですか。

原　ありました。私が通っていた小学校にも地区子ども会というのがあって、私が住んでいた2街区の一〇号棟は九号棟と併せて一つの地区になっていました。六年生の時、この地区の代表になりました。六年五組を核に学校全体がコミューン化してゆく中で、同じ棟や隣の棟に住んでいる友だちやその兄弟姉妹だけが集う地区子ども会の存在はありがたく、その時間が来るのが本当に楽しみでした。夏休みには紙飛行機大会や肝試しなどをやりましたね。

重松　学校とか、そういう団地のコミュニケーションが煮詰まってしまうこともあったわけじゃないですか。その時にもう一つ、塾という場があって、これは僕が多摩ニュータウンで塾の先生をやっている時に実感したんだけれども、塾で救われている子供って多いんですよ、窮屈な学校なり団地なりの関係から。

原　その通りです。当時の中学受験塾で首都圏の小学生を広く集めていたのは、四谷大塚のほか、日進（日本進学教室）があって、中には午前中に日進に行き、午後は四谷大塚に行く小学生もいた。私は午後の四谷大塚だけに通いましたが、友だちは習志野や練馬や葛飾に住んでいました。

重松　だから、ある種のコスモポリタンみたいな感覚を持つ。

原　それは風通しが良かったですね。団地の中にも、ソロバン塾とか、小さな学習塾ぐらいはあったのですよ。私はソロバン塾に通っていたんですけれども、団地センターの商店街に「堺珠算教室」というのがあって、そこには隣の第九小学校の子供たちも通ってくるので、そういう塾でも、ちょっとは七小と違う人間関係を作れた。いま教科書でどこをやっているのか聞いて、自分の先生はどうしてこんなに進み方が遅いのだろうと考えたりしてね。でもその後、四谷大塚に通うようになると、もっと広い世界があるということに気づいたんです。

重松　スポーツ少年団などは、どうだったんですか。

原　いろいろありましたよ。サッカーとか野球とか、あるいはボーイスカウトとかカブスカウトとか。ただ、四谷大塚に行ってしまうと、もう自分の小学校の知っているやつというのが二、三人しかいないわけでしょう。あとは圧倒的に知らないじゃないですか。そういうところに通い出すと、何か、小さく見えてしまうのですよね。

重松　原さんは四谷大塚という逃げ道を見つけたというか、ガス抜きができたわけですね。でも、多摩ニュータウンの子供たちは、一つの団地からは逃げられても、多摩ニュータウンというものから逃げられるほどは行動範囲が広くない。自転車に乗ったら別世界が広がっているという規模の滝山団地に比べると、一時間ほど自転車をとばしてもまだ多摩ニュータウンじゃないかという、このニュータウンの広さというのは、もっと大きな閉塞感を子供に与える気がしちゃってしようがないんですよ。

団地は社会主義、ニュータウンは資本主義

重松　これは前回もお伺いしたことですが、一つの団地の中でも賃貸価格とか分譲価格で格差はあったんですか。

原　滝山団地の場合、賃貸（1街区）の3Kは四九・九平方メートルで、家賃は一四六〇〇〜一五三〇〇円だったのに対して、特別分譲（3街区）の3DKは五六・四平方メートルで、建設価格は二六二〜二八〇万円、頭金三〇万円で最初の五年間は毎月一五四二〇〜一六六二〇円、それ以降は一九八〇〇〜二一三四〇円の分割払いでした（『朝日新聞』東京版、六八年七月一日および八月三十日）。ですから、最初の五年間に関する限り、月額の出費で比較すれば、床面積の割にそれほど大きな違いはなかったわけです。この他に、私が住んでいた普通分譲（2街区）があり、これは床面積が六五〜七六・三平方メートルともっと広かったのですが、なぜか新聞には募集の記事が出ていません。ただし第二団地と呼ばれていた滝山二、三丁目の普通分譲の募集記事は出て

います（『朝日新聞』東京版、七〇年十一月二十六日）。
重松　僕は一九八〇年代以降に東京を知ったから、団地の価格のことはじつはあまりイメージに残っていません。逆に、バブル時代のニュータウンでの地価高騰や倍率の方が自分に近しいんです。その当時の記憶が鮮明にあるせいか、もし団地というのが社会主義的な形態であるとすれば、ニュータウンは土地資本主義なのかなという感じがすごくして、そうなってしまうと、さっきのオルグなんかも、ニュータウンでは一挙に網をかけ切れないものがあるんじゃないのかなと。
原　そうですね。多摩ニュータウンが一番わかりやすいと思うんですけれども、永山や諏訪のような、初期にできた団地は、確かに京王永山や小田急永山の駅周辺にまとまっている。しかしその後、貝取《かいどり》や豊ヶ丘など、多摩センター周辺が開発され、さらに南大沢や唐木田《からきだ》、堀之内あたりにも広がっていくと、とても同じ一つの団地とは言えないじゃないですか。それに対して滝山団地は東久留米市滝山というフラットな街に密集していて、しかもほとんど間取りも同じ、普通分譲の場合、3LDKと3DKの違いと言っても、せいぜい六〇~七〇平米台の中の違いでしかないわけです。そういうところと、従来の形式に加えて高層マンションタイプやテラスハウス、タウンハウス、プラスワン住宅などの建物が広い敷地に点在し、しかもアップダウンが激しいからとても均質な風景には見えないようなところとは、全然違うと思うんですよね。
重松　そこに団地とニュータウンの根本的な違いがある。
原　多摩ニュータウンの成立の仕方を見ていると、京王相模原線にせよ小田急多摩線にせよ、最初は鉄道もどん詰まりで、駅前には何もなくて、ただ駅があるだけみたいな状態だったんですよ。

ところが年月を経ていくと、鉄道が通っているということは大きいのです。サンリオピューロランドができたり、都立大学（現・首都大学東京）ができたりして、団地住民以外の客が絶えず流入するようになる。そうなると、もう均質なものではなくなってくるわけでしょう。

重松　ニュータウンって、開発の規模も大きいし、まだ後背地もたくさんある。長いスパンで考えたら、どんどん膨張していく可能性はあるわけです。一方、滝山団地のようなところだと、広がりようがないわけでしょう。

原　そうです。変わりようがないので、『滝山コミューン…』にも書いたように、今でも全くそっくりそのままの風景が残っている。

重松　ニュータウンというのは、例えば多摩ニュータウンは京王線のどん詰まりだったのが、一九九〇年に橋本まで延びてJR横浜線につながったことで、横浜へのルートも生まれたわけです。いわばシナプスを広げていく可能性があるのがニュータウン。だから、もしバブルがはじけなかったら、もっと増えたかもしれない。

原　千葉ニュータウンというのは、今はまだどん詰まりに近いけれども、もうすぐ北総鉄道が延びて成田空港とつながるじゃないですか。そうすると、運賃も少し下がりますし、あそこは急激に変わる可能性があるんです。

多摩ニュータウンはなぜ劣化したか

重松　僕が多摩ニュータウンで塾の先生をやっていた八〇年代後半頃、子供たちが持っていた未来像というのは、京王線が橋本まで延伸すればこんなに良くなるとか、多摩動物公園や南平の方だったら、モノレールが開通したらこんなに便利になるとか。あくまでも自分たちは途中経過の中にいて、先物買いでここに来ている。だから未来は今よりもっと便利になる、良くなるというのを大前提にしていました。それはローンで家を買うのと似たようなもので、未来の方が収入が上がるとか、今は大変だけれども、もう少ししたら楽になるからみたいな感じがすごくあると思ったんですよ。原さんは、二十一世紀の滝山団地はどんなふうになっているとイメージしていらしたんですか。

原　全くないですね。あそこはもう、どこともつながりようがなかったから。例えば鉄道が延びて来るとか、バスが団地を突っ切ってどこかの駅まで行くとかいう話も、住んでいた時には聞いたことがなかったです。

重松　賃貸であれば、自分たちの未来をいま住んでいる場所に縛る必要はないわけですよね。だから分譲でローンを背負うことで初めて未来も意識できるし、長く住んできたことで見えてくる過去との違いもある。多摩ニュータウンで言えば、ずっと足し算のようにしていっぱい増えていった時代から、今はデパートが撤退するし学校も閉校になるし、という時代になった。

原　そこが多摩ニュータウンと滝山の大きな違いではないでしょうか。多摩ニュータウンというのは、滝山から見たらあまりにも発展が急激な一方、衰退も急激なんですよね。鉄道が開通して、多摩センターや南大沢の駅前には、三越やそごうや京王プラザホテルやパルテノン多摩やテンプル大学日本校といった、華やかなものができたわけでしょう。ところが、あれよあれよという間に、そごうはなくなる、テンプル大学日本校はなくなる、小学校や中学校は次々に統廃合される、諏訪団地や永山団地の商店街はシャッター街になるという具合に、急速に廃れていった。ところが滝山というのは、そこまでの急激な変化はない。衰退はしていても、それが表向きにはわからない程度に活気が残っています。

重松　ニュータウンの方がぱーっと育って、急に老けちゃったなという感じがしますよね。

原　そこもある意味で、団地とニュータウンの違いなのかなと。

重松　ニュータウンの方が、さっき資本主義と言ったけれども、より大きなデベロッパーが絡んでいる分だけ、商業施設をどんどん入れ込もうとするから、撤退も早いのかもしれませんね。みんなビジネスだから。未来への希望も含めて、多摩ニュータウンの子供たちの生きてきた展望と挫折というのは、日本の戦後のすごい凝縮版のような気がしたんです。

原　南大沢の駅前にできたテンプル大学日本校には、さすがにぶったまげましたよね。今から思えば嘘みたいな話だけれども。

重松　あとは、ベネッセが本社を構えたのが大きかったと思うんですよ。新百合ヶ丘の方にはIT関係の工場とかがあったりして、教育と情報というものが、すごく親和性があったと思うんですね。特に多摩ニュータウンは、そうとうイメージで売られちゃったんだなという感じがして。団地のイメージは、団地のリアルタイムを知らないからわからないんだけれども、当時は憧れの対象だったというのを伺っていて、ただ、多摩ニュータウンあたりが売り出された時のような、「げた履き」の憧れはなかったんじゃないですか。げたを履かせてもらった、イメージとしての

滝山団地（東京都東久留米市）の歩行者専用遊歩道。「人車分離」の試み。撮影＝新潮社写真部

豊かさみたいなものは。

原　滝山ができた頃は、もうそうとう団地ができていますから、滝山団地自体に新しい魅力があったかというと、それほどなかったと思うんですよ。にもかかわらず、なぜ滝山という団地が当時の西武沿線の中で輝いていたかと言えば、初めて分譲主体の大団地ができたからだったと思います。この団地はじつはいろいろ実験的な試みもやっていて、例えば団地の各街区の中央に完全に車をシャットアウトし、歩行者専用の遊歩道を作る試みは、日本都市計画学会からも高く評価されました。

重松　前にも話に出た、人車分離をやったんですね。

原　公園の遊具や部屋のインテリアにしゃれた工夫があったことも前に言いましたが、子供心にもすごくいい団地だなというふうに思いました。そういう点で、滝山というのは、団地の構造としてはおそろしく同質的でしたが、細かな点を見ると、それまでの団地にはなかったような差異化を強調した部分もあったと思うんです。ところが、いかんせんここまで地域から独立した団地というのはなかったので、それは大きかったですよね。

重松　そこはもしかしたら、ニュータウンの時代に――それこそ港北ニュータウンなどはもっとそうかもしれないけれども――インテリアや家電の充実が、もう行き着くところまで行ったのかもしれない。ということは、あとは街自体がどこまで発展するかというところに付加価値を持つようになったのかな。

原　街として見た場合に、僕は久米川から滝山に移った時にいろいろ感心したことがあるんだけれども、それは何かというと、久米川というのは初期の団地で、一〇〇〇戸をちょっと切るぐらいの規模ですけれども、立地としては久米川の駅前エリアとつながっているので、固有の商店街はあっても小さくて、ほとんど久米川駅前商店街と一体化していた。団地の建物も、箱型の四階建てよりテラスハウスの方が多かった。ところが、滝山というのは完全に駅から分離している分だけ、団地の商店街がすごく充実していた。大きなスーパーが二つもあり、中でも新宿の「二幸」が進出してきたのは子供心にすごいと思いました。メインの滝山中央商店街の他にも、それぞれの街区に商店街があって、不自由しなかった。逆に言えばわざわざ駅まで行く必要もなかった分、そこで完結していたわけです。

重松　ただ、あの時代にもう少し自家用車率、マイカー率が高かったら、また全然変わっていたでしょう。

原　確かに、当時は自家用車を持っている人が少なかったんですよ。もう圧倒的にバスと電車を使うのが当たり前。そういう意味で、バスの存在はすごく大きかった。だから、バスの本数が少ないとか終車が早いとか、ラッシュ時には滝山五丁目で満員になって団地センターや滝山三丁目では乗れないとか、そういう問題がけっこう大きかったんですよね。

重松　「足」を握られちゃっているわけですよね。ニュータウンって、特に多摩ニュータウンも南大沢あたりになるともう、車での移動が大前提になっている。

流行に背を向けて発展した多摩田園都市

原　三浦展さんの「第四山の手」という話がありましたけれども、あの分け方には疑問があります。「第四山の手」と言うと、多摩田園都市から多摩ニュータウンに至るまでの多摩丘陵一帯の住宅地が全部入っちゃうわけでしょう。しかし、多摩田園都市と多摩ニュータウンでは大違いだと思うんですよ。多摩田園都市は一戸建て主体の住宅地ですから、最初から広い道路を作って、みんな車を持っているということを前提とした街づくりじゃないですか。つまり多摩田園都市というのは、団地の時代に背を向けていたんですよ。流行から距離を置いていたわけです。確かに初期は東急が一定数の乗客を確保するために団地を誘致しているけれども、それでも全戸分譲の団地が主体で、最大でも総戸数は一二五四戸におさえた。あくまでも主体は一戸建てということで、どんどん一戸建てを増やしていって、それを今なお続けているわけじゃないですか。田園都市線はいまだに発展し続けているわけですよ。

では、多摩田園都市と多摩ニュータウンの中間にある小田急の新百合ヶ丘はどうなのか。新百合ヶ丘は、小田急小田原線と多摩線が分岐する駅として、七四年に開業したわけです。もともとは多摩ニュータウンの玄関駅のつもりで作ったわけじゃないですか。ところが、多摩ニュータウンが衰退局面に入ってくると、明らかに東急を意識した街づくりに変えたんです。多摩線の沿線をミニ田園都市線にするとともに、新百合ヶ丘をたまプラーザのようにしようとしています。

重松　そっちを向くようになった。

原　それはもう、露骨なまでにやっていて、多摩線にできた新駅のはるひ野だって、あざみ野に語感まで似ているじゃないですか。要するに多摩線の終点近くにあるニュータウンを切って、途中を開発するわけです。小田原線も、百合ヶ丘や鶴川や町田は団地の色がついちゃっていて、もう変えようがないということになると、多摩線を開発するしかない。それとともに、新百合ヶ丘に音楽大学を誘致するなどして、「芸術の都」にしようとしている。いっそのこと、団地にちなんだ新百合ヶ丘という駅名を改称して、川崎市麻生区の中心なのだから「あさおプラーザ」にでもしたらどうかと思うのですが。

重松　ああいう丘陵地の、バス便もないところを開発できるというのは、やっぱり車が前提だからですよね。

原　地形の問題も大きい。丘陵地帯は自転車が使えないという話をしたでしょう。そうするとやはり車なんですよね。西武や東武などのフラットな団地の場合は、日常的な移動は自転車で充分なんですよ。私の父親がいい例ですけれども、滝山から二キロ離れた西武新宿線の小平駅まで自

丘陵地に一戸建てが建ち並ぶ、「東急的」風景。1987年、東急田園都市線・つくし野駅周辺。撮影＝新潮社写真部

転車で通っていましたからね。自転車だったら充分行けるんですよ。でも、もしアップダウンが激しかったら、駅まで車で行くしかないということになる。

重松　多摩ニュータウンの野猿街道あたりって、お店の看板なんかも車で通りかかった時の視認性が一番大事なので、看板がやたらとでかいんですよ（笑）。遠くから車で、「あ、あそこだ」となるように。小学生が歩いてぱっと見上げると、遠近感がなくなるぐらいの大きさ。だから景観が変わった。ロードサイドのその景観が子供たちに与えた影響は大きい気がします。

原　景観という点で、西武沿線から東急田園都市線沿線に引っ越してきて違うなと思ったのは、鉄道が東名高速とほとんど並行していること。電車に乗ると、江田や市が尾‐藤が丘間で見えますし、鷺沼‐たまプラーザ間では高速の下をくぐります。高速道路が日常的に見える風景というのは、西武沿線にはなかったので、すごく新鮮だった。高速道路で言うと、北は関越、南は中央で、その間には何もないんです。

重松　視線を邪魔するものがない。その真っ平らな中にぽつんと四階建てや五階建てが。やはり団地の建物はランドマークになるんですか。

原　滝山団地は全戸五階建てでした。周りにそれ以上高いものがないですから、うちは四階でしたけれども、それでもすごく眺めが良くて、武蔵野台地がばーっと見えるんですよ。富士山がくっきりと見えますし、高い建物というのは遠くにぽつんぽつんとしかない。見事なぐらいに真っ平らでした。今まで住んできた団地では、滝山から見える景色がピカ一ですね。

滝山に住んでいた時、たまに小学校では少数派の、一戸建ての友だちの家に遊びに行くじゃないですか。全然うらやましいと思わなかったですね。景色が全然だめでしょう。一戸建てに対するコンプレックスというのを感じられないような環境に育った。親にもさんざん、団地の方が進んでいると言われ、それを素朴に信じていました。

団地の夫婦はどこでセックスをしたのか

重松　団地の子供たちということを、もう少し詳しくお伺いします。またもや「団地妻」ネタで恐縮なんですが（笑）、それこそ団地妻が新婚さんで入ってきて子供が一人生まれ、二人生まれて、そこまではいいんだけれども、子供たちが思春期を迎えた時の夫婦の性というのはどうなっていたんだろう。

原　それはなかなか難しいですね。隣の家との間は厚いコンクリートの壁で仕切られていますから絶対に聞こえませんが、家自体は家電製品を入れてしまうと狭いですから、下手をすると子供たちに聞かれちゃう（笑）。

重松　多摩ニュータウンで言うと、「ホテル野猿」という有名なラブホテルがあって、そこは住民御用達という噂だったし、あとは多摩センターの駅前にできた京王プラザホテル、これも住民がそうとう使っていたという話があるのね。

原　滝山団地で言うと、新青梅街道が近くにあって、街道沿いにモーテルが数軒あったんですよ。団地の中にそういうものはもちろんないし、モーテルには車を持ってないとなかなか入れないですよね。だから普通は行けないいんですよ。ではいったいどうするのか。わざわざ歩いて行くには遠すぎるので、たとえ団地住民が使ったとしても、車を持っていた住民だけが使っていたのかもしれません。

重松　これは団地やニュータウンに限定された話ではないんですが、ある調査では、子供のいる夫婦のセックスは朝型が多かったというのを読んだことがあります。子供が学校へ行った後ですね。ところが家が遠いと、お父さんの方が先に出て行かなきゃいけないから、それもできないというのがあって、そういうふうに考えると、滝山の子供たちには「悪い場所」もないわけで、性というものにどこで触れたんだろう。

原　通っていた第七小学校の隣に白山公園という公園があるんですよね。グラウンドがあって、野球チームの試合などをやっているんですけれども、ふだんはあまり行かないところなんですよ。

基本的にはあまり人がいない。そこに公衆便所があって、時々すごく生々しいヌードが描かれていたんです。あれはちょっとどきっとしましたね。もちろん、子供から見ればですから、たいしたことはないんだけれども、そういうのがかろうじて団地のマージナルなところにちょっとあったりする。

重松　いわゆる夜の街みたいな――飲み屋も含めて、大人の世界に触れる機会はあったんですか。

原　それは全くないです。

重松　ないですよね。落書きも、言ってみればバーチャルなものじゃないですか。だから、お父さんが外でべろんべろんに酔っている姿というのがなかなか想像できなくなっている感じがするんですよ。酔っ払いの男を見る機会がなかなかないみたいな。今だったらインターネットに行っちゃうよねっていう感じはするの。

原　そういうのは本当になかったですね。例えばエロ本の販売機とか、よく見かけるじゃないですか。ああいうのもなかった。

重松　そのあたりが、団地やニュータウンの清潔志向じゃないけれども、やはり性排除だと思うんですよ。

原　全くそうですね。小学校六年生の時、卒業記念に学年全体で何か作ろうというので、校庭に小さな築山を作ることになりました。その山のネーミングを決めることになり、七小だから七つ山とか七ケ岳とか、昭和四十九年度卒業生だから四九山とか、いくつか候補があがった。私は完全にシラけていたので、冗談半分で「滝山でいいじゃないか」とつぶやいていました。

重松　まんまじゃないかって（笑）。

原　けっきょく、七ケ岳という名称に決まるんですよ。その時、クラスで一番勉強ができないのに絵はやたらとうまいやつが同じグループにいたんだけれども、そいつがポツリと「ヴィーナス山」と言ったんですよ。要するに、おっぱいの形をした山を二つ作ってヴィーナス山にしろと言った。それを聞いた時、なるほどそういう考え方もあるかと思った。「ヴィーナス山」と言う時に卑猥な想像をするわけじゃないですか。そこに新鮮なものを感じたんです。しかも一番できないやつからそういう言葉が出たということで、全く意表を突かれたような気分になって、「いいね」と言って拍手したんです。

重松　『ハレンチ学園』というのも大きかったと思うんだけれども、学校には「性」があったんですよ。要するにスカートめくりとか。永井豪はなぜ『ハレンチ学園』を書いて、「ハレンチ町内」は書かなかったか。子供たちの生活圏では、うちに帰ってからの世界ではエッチというものが抑圧されていて、学校ではそれが解放されたんじゃないかなという感じがするんですよ。だから団地でもニュータウンでも、歩いていて性の匂いがしないというのは、そういうものを排除してきたことがあるような気がする。

原　確か多摩ニュータウンには「多摩クリスタル」がありましたよね。ファッションヘルス。

重松　そうなんですよ。

原　よく看板を見ましたよ。

重松　大きな看板でね。滝山団地の場合、鉄道の最寄り駅はどこになるんでしたっけ。

原　花小金井（西武新宿線）です。

重松　花小金井にはそういうものは何かあるんですか。

原　何もないです。さっき多摩平の話をしましたけれども、立川がすぐ近くにあると、絶えず敏感に、まだできもしないうちから反対とかって言って、それが逆に話題になって、子供にもトルコ風呂ができるかもしれないという話が伝わったかもしれないでしょう。そうすると、トルコ風呂って何だろうって話になるじゃないですか。ところが、滝山団地は最初から何もないわけだからそういう話題すら出てこない。そこは、西武新宿線沿線の団地と中央線沿線の団地との大きな違いですよね。

重松　子どもが行っちゃいけない一角っていうのは、滝山にはなかったわけですね。

原　なかったです。父親が武蔵村山の研究所に勤めていて、時々連れられて行くわけですよ。都営村山団地のすぐ隣です。帰りに、村山団地のバス停から立川バスに乗り、立川駅北口まで一緒に行くことがありました。砂川七番の交差点を抜けると、フェンスで張られた広大な基地が見えてきて、英語で立ち入り禁止と書いてある。立川の中心部に近づくと、英語の看板がもっと目立ってきて、子供心にもこれは違うなと思いましたね。

重松　立川というのは、米軍がいたからあんな感じの街になったのかな。

原　その前はむしろ硬派の街だったと思う、戦前は軍都ですから。

重松　それがいきなり基地の街になって、いろんな意味で解放された、と。

原　完全にそうです。朝鮮戦争の頃は本当に風紀が乱れて、パンパンガールが街にあふれていた。

あの辺の小学校で朝、教室に来てみたら、床にコンドームが落ちているとか、そういうのが日常茶飯事だったと言うんです。

重松　多摩平で、ボウリング場まで反対したお父さんお母さんは、そういう生理的な嫌悪感を、子供の教育上良くないという論理にすり替えた部分もあるんじゃないのかなという気がするんです。「子供の教育上」というのがいろんな面で大義名分となって通用していて、今でも通用している。だから、猥雑なものに対して、せっかくここで新しい生活が始まる時にこんなのがあったら嫌だっていうのが、すべて子供のためにという論理で置き替わっているような感じがしてしまうんですよ。そうなると、子供を大義名分にしていろんなものを排除して、子供はいい口実として扱われてきた。その抑圧というものが、子供たちの間に、陰湿な形での、いじめも含めて犯罪を生んでいるんじゃないかなという感じもするんですよ。

昔だったら、大人優先で、大人がいかに快適に過ごすかというのが街の価値観だったと思うんだけれども、いつの間にか子供のための街――人車分離も、基本的には子供たちの安全のためにというのが大義名分ですよね。「子供たちのために、ために、ために」に取り囲まれてしまっていたのが、団地なりニュータウンだったんじゃないかなという感じがすごく僕はしちゃうんですよ。「ために」を与えられ過ぎちゃうと、それはもう、うっとうしいに決まっていて、どこかで逃げ道を探したくなる。だから子供たちは、無駄な時間とか無駄な空間を探すと思うんですが。

原　団地の中にいる限り、きれいに仕切られてしまっていて、そこからはみ出るものというのはなかなかない。滝山団地の場合は、公園の中の遊具まで工夫され過ぎちゃっていて、親切ではあるけれども、遊び方まで管理されてしまっている。ドラえもんに出てくるような、単なる空地とか、土管があるだけとか、そういう空間はないんですね。

重松　団地の文化会議とかが成立していた時代は、「二度と戦争には」というような、もっと大きな物語があったと思うけれども、ニュータウンになってからは、もっとエゴイスティックな、「うちの子の教育のために」というふうになると、地元の公立でそれが用意できないんだったら私立に行くみたいな感じになる。だから「子供たちのために」という意識も、団地時代とニュータウン時代とではちょっと変わったかもしれないなという気はする。

原　『滝山コミューン…』に書いたように、七〇年代の滝山団地には、中学受験のようなエゴイスティックなことをやってはいけないという空気がありました。だから隠れて四谷大塚に行くわけでしょう。「日常の身近な経験の中から、空気のように浸透して行くのが家庭教育」であり、「机の前に坐った時だけが勉強ではない」という話じゃないですか。つまり、あからさまに戦争反対や民主主義を守れというようなことではないものの、塾が本来あるべき家庭教育を破壊しているという空気は、コミューンができる前からありましたね。

共産党もいれば、創価学会もいる

重松　特にバブル時代の世代になると、それぞれの幸福を追求するための舞台としてのニュータウンになっちゃっていて、だからこれ、質問しちゃうのは申し訳ないかもしれないんだけれども、あの時代、滝山団地にいて、原さんのように四谷大塚に通って私立を受けるというのは、ある種の裏切り者的な感覚というのはあったんですかね。

原　それはありますね。あの団地の場合、第七小学校の卒業生の九〇パーセント以上が団地に隣接している西中学校に進学するんですよ。私の四年先輩に当たるノンフィクション作家の黒岩比佐子さんもそうでした。それ以外の中学で最も多かったのは、小平市の創価中学校だったと思います。私のクラスにも二人いました。

重松　私立受験とは言っても、創価中学だと明確な理由があるわけですね。

原　団地から近いですしね。話は少し変わりますが、堤康次郎というのは、とんでもない人だった。女を何人も抱えていて、衆議院議長のときに、側室を連れて天皇に会いに行っても、人に言われるまで、おかしいということに気づかないわけでしょう。そういう倫理観のなさや、男尊女卑的な考え方に対して清二が——辻井喬が袂を分かって、池袋の西武百貨店の店長になり、社風を変えようとする。百貨店を小型化した西武ストアーを設立し、ひばりが丘や新所沢のような、大団地があるところに支店を作っていく。清二自身、もちろん共産党にいたこともあるけれども、今なお自らを共産主義者だとされています。そういう思想を持った経営者が、西武の流通部門を引き継いで、池袋を拠点とする西武沿線に百貨店やスーパーを作っていったのは、さっきの団地の潔癖さというものと、どこかでつながっているのかなと思いました。

それで一つ思い出したのは、同じく西武沿線にあるジョンソン基地にPX（基地内の売店）があって、そこを視察した堤清二さんは、西武ストアーにアメリカ流のやり方を導入する。つまり、キャッシャーとサッカーを分けるんですね。レジを打つ人と袋に詰める人を一組にするんです。

この方式は、日本で初めてだったと思います。ちょうど団地ができる頃で、あっという間に広がったわけですね。

重松　僕はてっきり成城石井とか紀ノ国屋あたりが始めたんだと思っていました。じつは西武だったんだ。すごいな、それは知らなかった。

原　『セゾンの歴史』（上下、由井常彦編、リブロポート、一九九一年）という本の中に書いてあります。しかし、西武百貨店と同じく高級品をそろえた西武ストアーは、団地住民から高いと敬遠されて業績は振るわず、やがて大衆的な西友に変わっていく。六〇年代後半になると、堤清二さんは西武沿線そのものに見切りをつけ、東急の牙城であった渋谷へと進出していくわけです。

団地にはSFがよく似合う

重松　僕たち「非・東京」の子供が団地を意識した機会って、じつは『ウルトラマン』や『ウルトラセブン』だった気がします。ある日宇宙人が入ってきて、わーっと洗脳されて、自分以外の住民はみんな宇宙人に操られているという、そういう物語がすぐに思い浮かぶというのも、さっきの均質性やオルグしやすさにも通じるんじゃないかと思うんですが、いかがでしょう。

原　実際、『ウルトラセブン』に団地が出てくるじゃないですか。「あなたはだぁれ？」でフック星人に占領されてしまう団地は、たまプラーザ団地がロケの舞台になったと言います。前にも話した七〇年代の「少年ドラマシリーズ」でも、ＳＦの舞台として団地がよく出てきます。

重松　それは、プラスに考えて「無機的で科学的な団地」というものに何らかのロマンを見たの

今も残るスターハウスもＳＦ的想像力に影響を与えた？　赤羽台団地（東京都北区）。撮影＝新潮社写真部

か、それとも、何らかの恐れみたいなものが無意識下にあって、そういう物語が生まれて来るのか、どっちだったと思いますか。

原　憧れと恐れ、両方あると思う。「少年ドラマ…」で、多摩ニュータウンが出てくる光瀬龍原作の『その町を消せ！』。あれを見て多摩ニュータウンにコンプレックスを持ちました。集合住宅という点では同じはずだけれども、「より進化した集合住宅」というふうにとらえられる。最先端のニュータウンの中にパラレルワールドがあるというのは、すごくしっくりくるわけです。

重松　赤羽台団地が典型なんだけれども、ランドマークとして給水塔がありましたね。テレビのアンテナも共同アンテナで、コントロールタワーみたいなものがあって、そこから分配されていった。あの風景は、まさに洗脳というもののメタファーなんじゃないか。しかも、あの団地には光瀬龍さんのお宅もありました。編集者時代に何度か原稿を受け取りに伺ったことがあります。あの団地の風景というのは、光瀬さんのSF的な想像力にそうとう影響を与えていたんじゃないかな。SF小説、特に少年SFは、団地からニュータウンあたりの頃が全盛期だったよね。

原　光瀬龍と並び、「少年ドラマ…」の原作者として名高い眉村卓も、大阪の阪南団地に住んでいました。『なぞの転校生』や『未来からの挑戦』の原作者です。こういうドラマによく団地が出てくるのも、さっき言った意識を増幅させていたと思うんです。つまり、団地というのはSFの舞台になるぐらいに進んでいるんだということ。それに比べて一戸建てというのは遅れているんだということですよね。

中でも印象深いのは、『未来からの挑戦』です。中学校の中にパトロール隊というのができて、生徒を監視するとか、これはと思う生徒を栄光塾というところに連れて行って、どんどんみんな洗脳していくとか。あれは本当に、とてもフィクションとは思えない生々しさがあって、まさにこれは滝山コミューンそのものじゃないかと。

重松　そう言えば、星新一にも、ドアをノックするってあったじゃないですか、それですべてが始まる連作集が（『ノックの音が』一九六五年）。ドアをノックして入って来るっていうイメージは、農村ではないんだよね。農村は引き戸なんですよ（笑）。ドアにシリンダー錠というのは、生活の中で全く新しいイメージだったと思うんです。

原　ドアをノックして入って来るというのは確かに西洋的なんだけれども、いったん入って靴を脱いで上がると、襖や畳や障子があって、全然西洋的じゃないわけじゃないですか。押入れもあって、布団で寝るんだから。ところが、これは『滝山コミューン…』に書いた話ですけれども、好きだった同じクラスの女の子の家に遊びに行ったら、部屋にベッドがあったわけでしょう。たまげたわけですよ。団地にベッドがあるって、想像しなかったんですね。そのベッドを見て、さっきの話につなげると、ちょっと……。

重松　性的なものを。まさに『ドラえもん』がそうですね。のび太は畳なんだけど、しずかちゃんは、部屋が洋室なんだよね。洋室にベッドでピアノでという。

原　あれにはちょっと、ムラムラじゃないけど、来ましたよ（笑）。彼女が好きだったというよりも、そういうものに圧倒されたっていうのかな。

重松　滝山の学区内なり団地なりに、ピアノ教室はありました？

原　ありました。私自身もエレクトーンを習っていました。団地の中で、教えている家があったんですよ。そこに習いに行くわけです。

重松　僕らから見れば、団地というのはもう洋風なんですよ。洋風生活。住んでいた原さんから見れば、洋風という意識はなかった？

原　食事はテーブルでしたが寝る時は布団でしたから、それほど強くはなかったですね。うちも一生懸命、洋風に見せようとはしていたんですよ。襖を取り払ってアコーディオンドアにするとか、畳の上に絨毯を敷いて畳を隠すとか、その程度のことはどの家でもやっていました。あと、あの頃は熱帯魚を飼うのが流行っていて、ドアを開けると玄関にだいたい熱帯魚が泳いでいる水槽があったんですよ。

見たくない、聞きたくない、入られたくない

重松　洋風で言えば、一九八〇年代の後半から九〇年代にかけて、カーペットからフローリングへという流れがありましたね。でも、そうなると、上階の生活音が気になってしまう。クッションがなくなるわけだから。それでけっこう問題になったりした。団地には騒音問題はなかったんですか。

原　隣近所のということですか。七四年には、神奈川の県営団地でピアノ騒音殺人事件がありましたよね。滝山団地には、そういうのはなかったですね。

重松　一九九〇年代の分譲マンションの広告を見ていると、遮音性能に等級がついている。遮音性能が高いことが売りになっていたんですよ。でも、静寂であるということがいつから価値を持つようになったんだろう。プライバシーの問題も含めてなんだけれども、外の音が入ってこないというのを、いつから僕たちは生活の価値にしちゃったんだろう。よく自治会なんかの取り決めで、ピアノは十時までというふうなのが最近多いけれども、そういうのは滝山団地にはあったんですか。

原　ないです。

重松　寛容だった？

原　確かに楽器の音だけじゃなくて、いろんな物音は聞こえてはきたんです。うちは四階だから

上に五階の部屋があったんですけれども、五階の子供が床を踏みならしている音とか、それはけっこううるさかったですね。

重松　でも、文句を言いに行くという感じではなかった。

原　またやってるなという感じでした。逆に三階の人から文句を言われたことはあったな。

重松　それの最たる例がピアノ殺人だったたと思うんだけれども、その後、本当に日常的に騒音問題っていうのがついてまわるようになった。

原　団地に住んでいると、隣同士の物音もあるんですけれども、それよりも、公園や芝生が多いですから、外で子供が遊んだり叫んだりしている声の方が、日常的にはよく入って来るような気がしましたね。

重松　音に関して、子供たちには寛容なんだけれども、若者たちには厳しいよね。それこそ高校生とかが夜中に公園でたむろっているとか。すでにそういうのはありましたか。

原　高校生は少ないんですよ。団地は小学生が多いですから、公園で遊んでいるのも圧倒的に小学生でした。

重松　ということは、言ってみれば、みんなお互いさまなわけですよね。ところが、今は運動会の音楽なんかがけっこうだめになっているらしいんです。それから、ラジオ体操がだめになっている。それは何かといったら、子供がいない家はもちろん、子供がいる家でも、その子が私立に行ったりしていると、自分の学校じゃないわけ。そうしたら、日曜日の朝っぱらから音楽流して騒いでいるというのは単なる騒音になっちゃって、文句言いに来ると。だから今、先生が事前に一軒一軒回るんだって。来週の日曜日に運動会やりますんで、お騒がせしますと。ラジオ体操は朝の六時半からなので、それもいろいろ問題があるみたいで。そういうことを思うと、運動会なんて、公園で子供が遊ぶ声や音の延長線上じゃないですか。それすら今、寛容になれなくなっちゃっていて、それは、時代が団地からニュータウンに移る間に、よその音を聞きたくないということが入ってきちゃったんじゃないかなと思うんですよ。

原　もともと団地というのは駅前にあったけれども、だんだんバスでしか行けない場所に移っていって、自立した一つの街になってくると、よそ者が入って来ないわけですから、そういう環境で聞こえて来る物音というのは、外部からの侵入ではないわけですよ。音を立てているのは誰なのかがわかっている。それがある意味で許容できていた部分だと思うんです。みんな知っているから。それが多摩ニュータウンぐらいに大きくなると、変わっていく。

重松　外から耳に入って来るものは基本的に雑音というか、ノイズなんですよね。ノイズに対する耐性というものがどんどん弱まっちゃっていて、いろんな面で「キレる」とかそういうのも、要は自分の快適さを乱すものに対する過剰な反応ということじゃないでしょうか。

ニュータウンの中には一方通行がやたらと多い街もあります。車が通り抜けできないようにしてるんです。生活道路だからよその車は入って来るなと。それから、公園にフィールドアスレチックスができる、そういう遊具を置こうという計画があった時、よそから人が来るから嫌だと言って中止になった街もある。近くに斎場ができた時にも猛烈な反対運動が起きて、最終的には宮付きの霊柩車は使わないことになったという例もあります。見たくない、聞きたくない。その外部を排除する意識というのは、すごいものになってきた。
　さっきからの話を伺っていても、団地の方が共同体というものに対する意識がしっかりとあって、ニュータウンになると個的というかエゴイスティックというか、それが強調されちゃったような気がします。

滝山団地の幸せな年老い方

重松　もちろん、騒音問題も含めて、良好な住環境を保つ意識はあって当然だと思うんです。ただ、それが自分たちの暮らしを快適にするためだけではなくて、不動産価値を守るためになっているという面も出てきたように思います。その価値は、生活していくぶんにはお金に換算できないものだけど、いざ売却して住み替えようとしたらいやおうなしに出てきます。そこでお伺いしたいのが、団地の分譲時代の住宅ローンというのは何年ぐらいが普通だったんですか。

原　頭金の額にもよりますが、二十年か二十五年ですね。さっきも言ったように、私が住んでいた滝山団地2街区の普通分譲の募集記事が新聞に見当たらなかったのですが、両親によると、六五平方メートルの3DK分譲を六八年に三四〇万円で購入し、そのうち頭金は一七〇万円程度で、残りをローンにしたそうです。七五年に引っ越す時には一〇四〇万円に跳ね上がっていたのですが、田園青葉台団地は七一・五平方メートルの3LK分譲で一二五〇万円したので、引き続きローンを組んだ。確かに田園青葉台のほうが少し広いので、この差額は合理的だったと思います。ところが、それから三十五年近く経った今では、滝山がもう一〇〇〇万円を切っていて、七五年当時よりも安くなっているのに対して、田園青葉台はまだ二二〇〇万〜二五〇〇万円もします。
重松　倍以上ですよね。
原　ここまで差が開くというのはたぶん、誰も予想していなかった。
重松　特にバブル時代の地価高騰期はすごかったですよね。多摩ニュータウンでも、そのタイミングで売った人はすごく得しているの。でも、それを逸してしまい、売って引っ越したいけれど売れない、言わば逃げ遅れた人も確実にいると思います。
原　それはよくわかりますね。滝山団地にしても、いま住んでいる老人たちというのは、たぶん、みんなそうなんですよ。逃げられたはずなのが逃げ遅れちゃったというか。中央商店街の「パチンコトーヨー」に集まっているのは、そういう老人たちかもしれない。今どき、こんなに羽根モノが充実しているパチンコ屋は見たことない。
重松　昔ながらの。
原　その羽根モノコーナーに、やたら老人が群がっている。いちおうCRとかもあるんですけど、CRの方はがらがらなんですよ。
重松　羽根モノでゆっくり遊んでって感じですね。時間つぶしながら。
原　完全に老人の憩いの場と化しているんです。滝山中央商店街、恐るべしだなと思ってね。わざとやっているとしか思えないでしょう。儲けようと思ったら絶対CRじゃないですか。ところがそのCRを少なくして。
重松　羽根モノをあえて置くと。そこは三十年、四十年の歴史なのかな。多摩ニュータウンは広

団地の高齢者がゆっくりと羽根モノを楽しむパチンコ店も。滝山団地（東京都東久留米市）の滝山中央商店街にて。撮影＝新潮社写真部

い分だけ商いも大きくなるわけですよ。そこうが来たり、イトーコーカドーが来たり。でも撤退も早い。見切りをつけるのも早いんですよ。だから、地元の身の丈のパチンコというか、そういう発想は生まれにくいと思いました。さっきも少しお話しした、看板のサイズも含めてのパースペクティブが狂っているというか、身の丈っていうものが実感できないまま、いい時は「第四山の手」みたいな感じで言われ、だめになったらもうゴーストタウンというように、身の丈でゆっくりと年老いていく、だんだん日が沈んでいくような感じではなくて、ストン！　なんですよね。だから、今の話を聞いてみると、滝山団地は確かに負けっぽい感じだけれども、じつは穏やかに負けているという感じがするの。

ずっとお話を伺ってみると、団地の方が幸せな老い方をしている感じがします。

原　そうかもしれません。

重松　発展しないことによる穏やかさというのを、結果的に獲得したのかもしれませんね。

対話Ⅳ

団地と西武が甦る時

（二〇一〇年一月十八日）

延命する団地と崩壊する団地

重松　団地やニュータウンが、どこも等し並みに衰退していくのであれば、住民の高齢化とか、建物の老朽化という話でまとめられるんだけども、ここへ来て、しっかりと延命している団地と、本当に崩壊しつつある団地というように、はっきり明暗が分かれてきているような気がします。

原　そうですね。賃貸の団地を管理しているUR（都市再生機構）は、団地が老朽化するから、建て替えるのは当然と考えているようです。建て替えると、もう団地とは呼びません。「グリーンタウン」とか「サンラフレ」といった片仮名に地名が付いた名称に変わります。

しかし、建て替えれば団地の衰退を食い止められるとは限らないのです。高層化してエレベーターを付けるということは、バリアフリーでいいように思えるけれども、もともとあった団地の同じ階段同士って、誰かが階段の掃除を引き受けていたり、鍵がない時に隣の家からベランダ越しに入ったり、じつはけっこう交流のある関係を作っていたわけですよね。

ところが、建て替えによって高層化し、エレベーターが設置されると、同じ階段同士の付き合いはなくなり、一人ひとりが孤立しやすい環境に置かれてしまう。棟と棟の間に広がっていた芝生もなくなり、高層化するぶん影が大きくなって、全体が暗くなる。老人にはかえって住みづらくなるわけです。階段の昇り降りがきついのであれば、建て替えなくても五階から一階に移れば良いだけのことです。実際にURは、同じ団地の一階に住めるよう、あっせんもしています。だから常盤平団地では、こういった点を総合的に勘案して、あえて建て替えをしないという道を選んでいるのではないか。

今、団地がマンション化しているわけですよね。高層化する、あるいはエレベーターを付けるってことになると、一見して団地なのか民間のマンションなのかわからなくなっているわけですよ。昔だったら、団地とマンションというのは外見的にも明確に違うものとして認識できたわけですよね。ところが、団地がそういうふうに建て替えられると、もう団地とは名乗らず、マンションと似たような名称になる。かつてそこが団地だったということさえ忘却される。そのようなマンションもどきの元団地がどんどん増えていっている。

重松　今おっしゃった、団地のマンション化というのが、この本のテーマにも関わってくると思うんです。プライバシーとコミュニティの問題はずっと付いて回ると思うし、孤独死とか、防犯カメラの問題も絡んでくるんだけども。マンションを住み処として選んだ人の中には、濃密なコミュニケーションをとらずに済むという理由もあったはずで、それは一戸建てはもとより、団地の中でのコミュニケーションすらうっとうしいということだったんじゃないか。

おさらいとして確認したいんですが、当時の団地の入居者にとっては、そういうマンション的な――近所付き合いが一戸建てよりうっとうしくないとか、プライバシーが確保できるっていうようなところが大きなメリットだったわけですよね。

原　そうです。もともと大都市には、壁はあってもないような木造長屋が多かった。それに比べるとコンクリート造りの団地は、壁もしっかりしているから、隣の物音が聞こえず、プライベートな空間を確保できるというのが大きな売りだったわけですよね。公団ももちろんそういうメリットを強調したわけです。

ところが実際に住んでみると、共同住宅に何千世帯もが暮らしていて、生活サイクルも同じだという共時性や同質性が強く感じられてくる。自治会も全戸加入を前提として作られる。だから最初から、二律背反的なものが団地にはあったわけですね。

団地は「共同住宅」か

重松　確かに一九八〇年代初期に東京で団地を見ていた僕なんかの感覚ではもう、団地がプライバシーを守れるんだという認識はありませんでした。むしろ均一であるがゆえの濃密なコミュニティが形成されていて、それから逃れるようにマンションの、よりプライバシーが守れる空間が出てくると。いま奇しくも「共同住宅」とおっしゃったけれども、団地は「集合住宅」であると同時に、「共同住宅」という側面が強かったと思うんです。マンションは「集合住宅」であっても、「共同住宅」という意識は弱いような感じがします。

原　住宅公団が作った団地は、一九六八年九月入居開始の花見川団地（千葉市）で七〇八一戸、七二年一月入居開始の高島平団地で一〇一七〇戸に達しています。高島平団地は、エレベーター付き高層マンションタイプを初めて大々的に建設した団地としても有名です。ここまでの規模になると、二～三万人台の人口がいるわけです。民間のマンションは、確かに数棟並んでいるようなところはあっても、はるかに小さいですよね。

もちろん、団地内だけに流通するような自治会の新聞は、香里、常盤平、ひばりが丘などで発行されていたし、武里団地では「たけさと」という雑誌スタイルの機関紙を隔週一回発行していました。しかし高島平ほどの規模になると、自治会報のほかに、高島平新聞社という新聞社が『団地新聞高島平』を発行する。高島平二丁目だけで七七四一戸あり、自治会の代議員が二九五人、自治委員が一〇三人、中央役員が三二人いる（『団地新聞高島平』七二年十一月十五日）。自治体でいえば町レベルの「政治」が、一つの丁目だけで行われていることになるわけです。

それに比べると、やっぱりマンションというのは、極端に言えば、本当に隣が何をやっているかもわからない。

重松　隣が何をしてるかわからないっていうのが、よく不安感の表明として言われるんですけども、その一方では、自分の家が何してるか隣にわかっちゃ困るわけですよ。けっこう身勝手なところがあって（笑）。

それで、先ほどおっしゃった、建て替えをしない選択をした常盤平団地について、もうちょっと詳しくお伺いしたいんですが。

原　五〇年代末から六〇年代初めにかけてできた団地では、今ちょうど建て替えが進もうとしています。ところが、常盤平団地

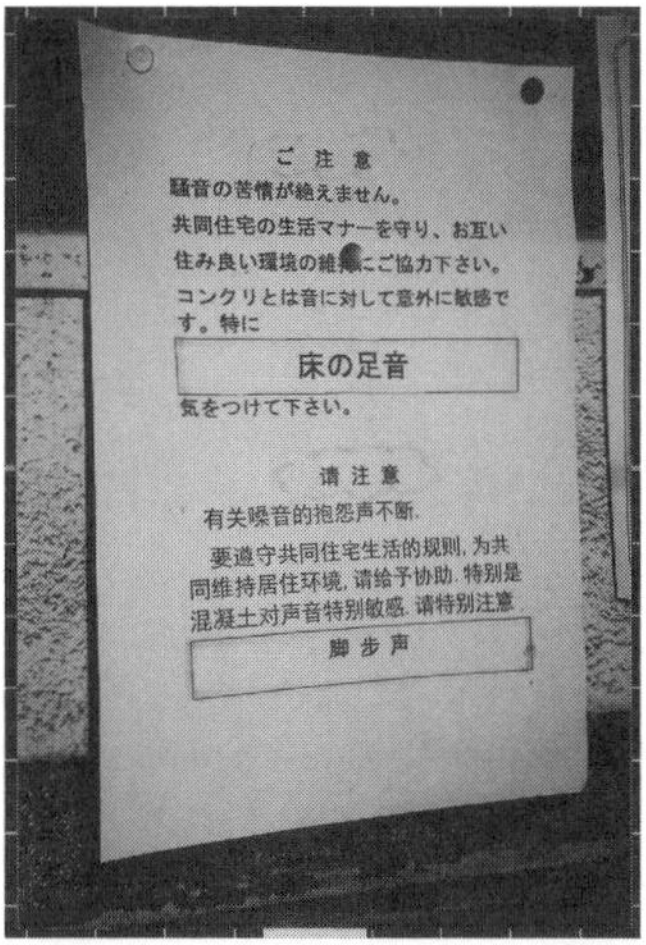

「床の足音に気をつけて」との中国語での注意書き。常盤平団地（千葉県松戸市）にて。次頁本文参照。撮影＝原武史

だけは建て替えを拒否して、古い建物がそっくりそのまま残っている。この団地に行ってみると、やたらに中国語の看板が目につくんですね。「騒音の苦情が絶えません。共同住宅の生活マナーを守り、お互い住み良い環境の維持にご協力下さい。コンクリートは音に対して意外に敏感です。特に床の足音に気をつけて下さい」とか、「ここにはプラスチックは捨てられません」「生ゴミは紙袋に入れて出してください」といった注意が、日本語と中国語で併記されているのです。だから団地の実態というのが完全に変わってしまった。

重松　それはもう、止めようがない？

原　そうですね。建て替えて高層化して家賃を上げてしまえば、入れなくなる人が出てくるかもしれません。しかしそういうことを、常盤平団地の自治会は拒否したわけです。

重松　その拒否の理由は、お金の問題？　建てかえた後に入れなくなるということ？

原　そうです。常盤平団地の自治会は、もともと公団の家賃値上げに対して、それを不当として提訴に踏み切ったことがあるほど、家賃値上げには敏感でした。その背景には、住民の高齢化が進み、年金だけでは家賃を払えないという問題の他、孤独死の問題があった。ここの自治会長は中沢卓実《たくみ》さんといって、「孤独死ゼロ作戦」にいち早く取り組んだことで一躍有名になりました。中沢さんによると、建て替えて高層化すると密閉度が高まり、孤立感も深まる。旧来の団地なら、まだつながりがあるし、四階建てなら外から見てもずっと電気が点いたままだとか、逆にずっと消えたままだというのがわかり、異常を発見しやすい。しかし、ここまで自治会が一致団結して建て替えを拒否するというのは珍しいケースですよ。

重松　団地は住民の総意がまとまらなければ何もできない。そこが一戸建てとの大きな違いだと思うんですが、常盤平の場合はそれがうまくいったと。

原　常盤平団地は、松戸と京成津田沼を結ぶ新京成電鉄の沿線にあります。この新京成というのはもともと鉄道連隊と言って、陸軍が持っていた軍用線を転用しているので、沿線にはあまり住宅地がなかったんです。そのせいで、五〇年代から六〇年代にかけて、一挙に大団地ができる。常盤平の他、高根台、習志野台、金杉台、前原《まえばら》などの団地が次々にできるわけです。総戸数は常盤平で四八三九戸、高根台で四八七〇戸あった。このぐらい大きくなると、自治会も地区別に分かれることが多いのだけれども、常盤平は一丸となって建て替えを拒否しました。

重松　一体化しているんですね。

原　大きくなると、だいたい自治会の意見が割れるんです。そうすると、ある地区は建て替えを拒否しても、ある地区は賛成だというので、全戸が拒否するというのはなかなか難しいんですよね。高根台がまさにそうで、いったんは全戸建て替えを決めたものの、途中である地区が建て替え拒否に転じたので、その地区だけはもとの建物が残ることになりました。ここには、常盤平からの影響があるかもしれません。

中沢卓実さんによると、公団の技術というのは、そんなに見下げたものではない。全面的に建て替えしなくても、部分的な修復で充分使える。コンクリートは何十年経てば腐ってしまうというのは憶説なんだということを言っています。実際にベルリンの郊外には、築八十年を超えるコンクリートの団地がいくつも残っています。

重松　その話は、少し広げていけば、いま全国で進んでいる自治体の合併をめぐる議論と似ているなと思う。合併だってある面、街の建て替えみたいなものじゃないですか。それによって住民サービスの質が下がるという意見の自治体もあるし、いや、良くなるんだというところもある。それで住民投票をやったりリコールをやったりしちゃうわけで、団地も地方都市も、建て替えをめぐる論議の時期に来ているのだろうなと。ただ、地方都市で言えば、合併で幸せになったところはあまりないんだよね。それはひとえに、僕らが「人口が減っていく」という体験をしてないからだと思うんですよね。しかも、今後にわたって減り続けるわけだから、いろいろなことのシミュレーションができなくなっている。

原　だから、常盤平団地の自治会がそうやって頑張るのもよくわかる。家賃は上がるわ、孤立感は深まるわでは……。

重松　いいことないじゃないかと。

原　ひばりが丘団地も、北側がもう完全に建て替えられているんですけれども、建て替える前の団地の方が、年月を経たゆえの温もりがあるんですよ。植樹も大きく育ったし。確かにできた当初はコンクリートの無機的な建物だったかもしれない。しかし三十年、四十年経って緑も豊かになって、自然が人工をしのぐと言うか、自然の中に団地があるみたいな関係に逆転することで、できた頃にはなかった温もりが出てきた。建て替えとなると、それをまた全部、伐採してしまうわけです。そうやって、また無味乾燥な風景に戻っちゃう。それに対する抵抗もある。中沢卓実さんは、「この〔常盤平〕団地を日本一緑豊かな団地に育ててきたのが私たち居住者であり、自

既存の建物の前面に新たに部屋を加えた「増築」。滝山団地（東京都東久留米市）にて。撮影＝新潮社写真部

治会であり、松戸市であり、公団自身だったのです」（『ときわだいら』二〇〇〇年一月十日）と述べています。

重松　高層化する以外の道は、費用の問題で難しいんですか？

原　そんなことはなくて、例えば小平団地や滝山団地でやっているんだけれども、増築という形があるんですよ。つまり既存の四階建ての団地の前に張り出すようにして、同じ四階建ての建物を増築するのです。ひばりが丘団地では、古くなった四階建ての団地を利用して、従来の階数を減らす「減築」の実験や、一階と二階をぶち抜いてメゾネットにする実験も行われています。

「団地の闘争」をどう伝えるか

重松　今までの対話で原さんから教わった通り、子供や奥さんを仲立ちにしてでき上がっていたのが団地の人間関係の基本だとすると、それが定年世代のおじいちゃんやおばあちゃんを仲立ちにしてもう一回でき上がるだろうかということがありますよね。団地に子供たちがいなくなった後に、住民同士のコミュニケーションをどう作っていくか。

原　そこは自治会が活発かどうかに関係しているのではないかと思うんですよ。常盤平団地の場合は、例外的と言っていいぐらい活動が盛んで、中央商店街には「いきいきサロン」という、住民の憩いの場を作っている。自治会の会報『ときわだいら』も、常盤平の駅を降りると、改札を出てすぐ左側に、誰でも持って行けるように置いてあるんです。月に一、二回発行していて、バックナンバーはすべてＣＤ－ＲＯＭになっている。

重松　中心になっている世代はかなり高齢ですよね。世代交代はできそうな感じなんですか？

原　そもそも、団地には若い人が少ないですから、いま頑張っている人たちのパワーに匹敵するものが受け継がれていくかどうかは、何ともいえません。ただ、「孤独死ゼロ作戦」には大学生なども関心を持っていることは確かです。中沢卓実さんも、あちこちから呼ばれて講演している。孤独死をなくそうと考えている人たちにとっては、先進的なモデルなのです。

重松　確かに、実家に一人暮らしの親を残していたら、みんな同じだから。

原　だから常盤平がどうなるかはわからないけれども、常盤平の取り組みが他の地域に受け継がれていく可能性はある。

重松　それを思うと、一昔前には子供たちをどう育てるかというモデルケースだった団地が、今はどう看取っていくかというモデルになっている。戦後の揺りかごから墓場まで、やはり団地と

棟と棟の間にゆったり空間を取って建てられた常盤平団地（千葉県松戸市）の風景。緑も豊かで気持ちがいい。撮影＝新潮社写真部

いうのは大きな存在ですね。

原　そうですね。常盤平の風景というのは、いま行くと奇跡的な感じがしますね。五十年前の風景が全く損なわれていないというのは、もう他にはないんじゃないかな。

重松　例えば同潤会アパート（関東大震災後に、財団法人同潤会が建設した集合住宅）みたいに、歴史的にも価値を帯びるという感じになりそうですか？

原　今のまま保存されていけば、そうなるでしょう。だって、スターハウス（星形の建物）が丸ごと保存されているのですよ。赤羽台団地にもまだスターハウスはあるけれども、もう建て替えが決まっていますので、数年のうちになくなります。それが大勢だと思うのですよ。だけど常盤平は、たぶんなくならない。そのままだと思います。

重松　大阪で言えば千里も香里も、もうだいぶ変わっちゃいましたよね。
原　香里は、A、B、C地区は全部変わってしまった。DとEがまだ残っていて、D地区にはスターハウスもある。
重松　阪神淡路大震災（一九九五年）でマンションが倒壊した映像のインパクトって、建て替え論議を一気に進めたんじゃないですか？　耐震性というものを持ち出されると、建て替えに応じざるを得ない。
原　千里ニュータウンで建て替えが進んだのは、確かに阪神大震災の影響があるかもしれません。しかし、常盤平の自治会は、それは違うんだと言っているんですよ。今のままでも耐震性は充分だと。
重松　ただ、URとしては、建て替えは進めたいんですよね？　今はもう組織として新築はできないから。
原　そうです。URでは築四十年を建て替えの目安としています。高層化して戸数を増やし、建て替えた団地を「片仮名プラス地名」に改称し、新築と称している。
重松　あとはメンテナンス？
原　そうです。
重松　そうなると、常盤平みたいに「建て替えしない」っていう団地が増えると、URの存在意義が問われちゃう。
原　ええ。それだと「都市再生」にならないでしょう。

重松　やっぱり建て替えは進めたいんですかね？

原　ええ。URホームページの「業務案内」には、「バリアフリー化、間取り改善、社会状況に応じた設備水準の向上を目的としたリニューアル住宅の供給、屋外環境の整備、建替事業等により、団地の総合的な再生・活用を実施いたします」とあります。

重松　そこで出てくるのが、先ほどもおっしゃったUR側の論理としてのコンクリートの耐用年数の問題です。コンクリートの住宅って、本当に三、四十年で建て替えなきゃいけないほどのものなんでしょうか。

原　いや、それはないと思うんですよね。私が住んでいた田園青葉台団地も一九六七年の入居開始から、もう四十年以上経っているわけでしょう。だけど、建て替えの話は出てきていない。六八年入居開始の滝山団地もそうです。その代わり、田園青葉台も滝山も、汚くならないよう、外装やベランダの手すりを絶えず塗り替えたり、新しくしたりしている。排水管の掃除などもまめに行われています。

重松　最近の物件だと、排水管などの取り替えも比較的やりやすくなってますよね。コンクリートより、むしろ水周りの方がダメになるんじゃないのかな。

原　それはよく聞く話ですね。だからこまめに清掃しなきゃいけないわけです。要するに何を選ぶかじゃないですか。確かにそういう面では不便になっていくと思うんですけど、それを補って余りあるものがあればいいという考え方はあり得る。

重松　建て替えを選択しなかった常盤平には、プライバシー意識よりもコミュニティ意識のほうがより強くある、そういうことなんでしょうか。

原　それはあると思う。なぜそうなっていくかと言うと、やはり高齢化の問題があると思うんです。子供が独立すると夫婦二人が残って、やがてどちらかが死んで一人になる。一人では生活できなくなっていく。マンションのように鍵をかけてプライバシーを確保して、そこで他人の世話にならずに生活できていければいいわけですけども、やはり誰かの助けがどうしても必要になってくる。だから、ある種の共同性を前提としなければ、日常生活が成り立たなくなる局面に追い込まれていくと思うんですよ。

常盤平では、ずいぶん前からその兆候が出ていたわけです。孤独死、つまり実際に気づかれないまま、老人が家で亡くなっていたということが起きた。そういう危険信号が二〇〇一年ごろから出ていて、自治会は「孤独死一一〇番」体制を作るとか、新聞販売店に協力を要請するとか、高齢者の集いの場として「いきいきサロン」を開設するなどの対策をとってきた。やっぱりそれは、少子高齢化という問題が、早い段階であの団地に発生したということじゃないかと思うんですね。

重松　自治会には中沢さんという、非常に強いリーダーシップを持つ会長さんがいらっしゃるわけですけれども、今おっしゃったいろいろな活動は、中沢さんのトップダウンじゃなくて、住民の方々の意識の底上げもあったと考えていいんですか？

原　あったと思います。団地の集会所へ行くと、もちろん中沢さんもいるんだけども、主婦の人たちが何人か、いつも詰めている。だから中沢さんがいないと回らないということではない。自治会報を全部CD‐ROM化したのは、私の知る限り、常盤平だけですね。

自治会はいつできたのか

重松　そこで、話が戻って申し訳ないんですけれども、そもそも自治会っていうのは、すべての団地に最初からあったものではないんですよね。

原　前にも言ったように、公団は住民に自治会を作れと言ったわけではない。

重松　あくまでも住民側の。

原　そうです。だから、自治会ができる時期って、団地によってけっこう違うんです。わりあい最初からできる団地と、しばらくできない団地とがあって、自治会と言わなくても、それに代わるような組織がある場合もある。ただ、だいたいは一挙に何千人とか何万人が入居するわけですから、公団も予期しなかったような問題が起きた時に、解決するための組織が必要なので作られることが多いわけです。

重松　それで、名称はいろいろあるにせよ、自治会――自ら治めるというネーミングが象徴してると思うんです。一戸建ての時代は、町内会っていうのがありましたよね。マンションだと、管理組合ですよね。それで、自治会には、そういう自治っていうものを謳うに値するだけの権限なり役割っていうのはあったんですか？

原　ひばりが丘団地では、最初「親睦会」と言っていたんですね。自治会とは名乗っていない。親睦だけど、団地への入居が始まって二年後の六一年になると、それが自治会へ移行していく。親睦会という名称だと、別に入っても入らなくても良いというニュアンスが強いですが、自治会だと全居住者を対象とする組織だというのがはっきりする。自治会誕生を伝える『ひばり』六一年六月十八日号では、「文字どおり全居住者のための自治組織にするため、一人残らず会員になって下さい」と呼びかけています。

自治会では確かに、いろんなことをやっているんですね。ひばりが丘では、他の沿線住民とともに西武の運賃値上げ反対のための運動を起こし、池袋まで「値上げ反対のうたの大合唱をしながら」行進している。あるいは、団地文化祭を開催し、羽仁説子を講師として呼んでいる。集会所は、自治会の活動の場としても使われているんですね。住民の日常的な不満を吸い上げる装置として、自治会は動いていました。

重松　その自治会は、全員参加なんですか？

原　ひばりが丘に限らず、どの団地の自治会も全員参加を目指していましたけど、実態は全員加入に近い団地と、半分強ぐらいしか入ってない団地に分かれますね。

重松　団地によっては、第二自治会ができたりとか。

原　あります。前掲『箱族の街』によると、六八年に完成した西上尾第一団地では、創価学会の信者を中心とする「西上尾第一団地自治会」ができかかると、それに反対する「日本住宅公団西上尾第一団地自治会」ができたといいます。香里団地の場合は、六一年四月にいったん一本化したのですが、六五年に全体の自治会が解散し、地区ごとの組織になりました。滝山団地では、六九年十二月に結成された共産党の滝山団地支部が賃貸主体の団地自治会を作ったのに対して、分譲の住民は分譲住宅自治会を作っています。

初期のひばりが丘団地（1963年頃）。当時は東京都北多摩郡保谷町、田無町、久留米町にまたがっていた（現在は西東京市・東久留米市）。撮影＝新潮社写真部

このように、一つの団地内で自治会が割れてしまうと、自治会よりも小学校の方がコミュニティの核になりやすくなる。滝山団地に隣接する第七小学校を核に「滝山コミューン」が成立したのは、それなりの必然性があったのです。

重松　自治会と市との関わりっていうのは、どうだったんでしょうか。

原　例えば保育所を作ってくれとか、小学校をもっと増やしてくれとか、プレハブ校舎をなくしてくれとか、そういう要求が出てきた時に、当然、自治体が関わってきます。

重松　大きな規模の団地になると、常盤平で言えば松戸市が団地の中に市役所の支所を置いていますが、そういう動きは他の団地にはないんですか？　と言うのは、アイデンティティの問題として、松戸市民という意識と常盤平団地の住民という意識とでは、どっちが

強いんだろうと思ったんです。原さんで言えば、東久留米市民と滝山団地の住民という意識と、どっちが強くありましたか？

原　それは団地の規模にもよりますね。常盤平や滝山の場合は、団地がすっぽり松戸市や久留米町（七〇年より東久留米市）に入っているので、ズレはないんですけど、例えばひばりが丘みたいに久留米と田無と保谷の三つの町に――やがて三つの市になり、今は田無と保谷が合併したけれども――またがっている場合には、意識にズレが出てくるんです。団地としては三町にまたがっているのに、自治会は一つだけだったんです。そうなると、それぞれの町に属しているというよりは、ひばりが丘団地の住民というアイデンティティの方が強くなってくる。

重松　そのズレが、不都合なり問題を生んだ例ってあるんでしょうか？　例えばゴミの収集なんかも自治体によって違いますよね。こういう場合、やっぱりどこかで統一しちゃうんですか？

原　ゴミの収集についてはわかりませんが、小学校や保育所は明らかに自治体によって違います。ひばりが丘の場合、保谷町は団地ができるのとほぼ同時に、団地に隣接して中原小学校を開校させたのに続いて、六二年一月には「そよかぜ保育園」を開園させた。しかし久留米町には小学校も保育所もなかったので、しばらくは児童や園児が越境通学していたのです。

重松　その規模を大きくしたのが、多摩ニュータウンの問題だと思うんですよね。多摩ニュータウン全体で一つの自治体ができていれば、さまざまな問題というのはより解消できたのか、それとも、けっきょくあまり変わらなかったか、どうでしょうか？

原　一つの自治体ができていれば、問題はすべて解決したとは思いませんが、多摩、稲城、八王子、町田の四市に分かれていることが、統一的なニュータウン計画やサービスを妨げてきたことは間違いないと思います。

重松　利用する鉄道が、京王なのか小田急なのかでも意識が違うし。駅も永山なのか多摩センターなのか、南大沢なのかで変わってくる。だから、せめて窓口というか、管轄するところが一カ所であればと思うんですよね。それがバラバラなことで、福祉の問題とか、どんどんズレを生じさせるんじゃないかなと思うんですよ。

1966（昭和41）年9月、常盤平団地（千葉県松戸市）を視察する佐藤栄作首相（画面中央）。次頁本文参照。写真提供＝時事通信社

原　自治体にとっては、団地ができれば人口が増えて村が町になり、町が市になるという意味ではいいんだけれども、しかし、学校建設や水道建設など、生活関連施設を整備しなければならず、財政負担が増えるという問題がある。また、団地ができると革新票が増える

と言われて——確かにそうなんだけれども、そうすると、古くからの地主のような保守的な地盤が切り崩されて、新住民の革新票が急増するわけです。

六六年九月に首相の佐藤栄作が常盤平団地を視察して、「ショッピングセンターで主婦連と一問一答。大変な人気で、一部㊥の心配があった様だが、更にその要なし。至極成功」と『佐藤栄作日記』第二巻（朝日新聞社、一九九八年）に書いている。㊥は共産党のことです。共産党は心配したほどでもないということは、言い換えれば、共産党をいかに恐れていたかということでもあるんですね。

重松 多摩ニュータウンでもそうだったんですか？

原 ええ、そうです。多摩ニュータウンへの入居開始以来、初めての選挙に当たる七二年十二月の衆議院議員総選挙では、多摩市の得票率のトップが共産党候補、二位と三位は社会党候補が占めました（『多摩ニュータウンタイムズ』七三年一月一日）。

重松 イギリスのニュータウン構想も、労働党か保守党かによって影響を受けますよね。日本でも保守と革新では、団地政策なりニュータウン政策なりに違いはあったんですか？

原 共産党が最初から団地に梃子《てこ》入れしていたわけではありません。少なくとも公団の団地というのは、賃貸でも最低の月収が決められていて、中産階級でないと入れなかった。所得だけを見れば、彼らが保守支持になってもおかしくはなかった。実際にイギリスでは、中産階級の多く住む郊外は保守党の地盤になるのです。

ところが、先ほど言ったように、団地でいろんな問題が出てきた時に、いち早く対応したのが共産党だったということがある。共産党はそういう意味では時代の先端を行っていたんですよ。上田耕一郎と不破哲三がひばりが丘団地に住んでいたという話もしましたけれど、実際に住んでいるからこそいろいろな問題が見えたということもあると思います。団地は、インフラという点で言えば一見、進んでいたけれども、前に触れたようにないない尽くしで、断水もするし、油の浮かんだ水も出る。そういう問題が出た時に、自分の家だけでは解決できないわけですね。そうすると、やはり自治会が大きな力を持つようになる。

重松　建て替え問題でもそうなんだけど、自分一人の意思や力ではどうにもならないから、共同性に頼らざるを得ないわけですね。

原　そういうことです。その意味ではみんなが同じ条件に置かれるわけで、例外はありません。どこかの家だけが断水するというわけではない。停電もそうです。停電は、なぜか団地では多かった。団地に住んでいて面白かったのは、電気が消えた時、外を見るとどの家も暗くなっていて、みな同じように困っているんだなと感じたこと。団地は運命共同体だと思いました。

共同性が否定される時

重松　そうなると、規模は違うけれども、マンションにだって、いずれ建て替えの問題は出てきますよね。それこそ阪神淡路大震災の後では、団地以上に難航しましたよね。共同住宅に、共同性を求めていない層が入ってきたのが、そういう突発的な問題によって、共同性を発揮しなきゃいけなくなったっていうのは、難しい状況だったんじゃないかなと思うんですが。

原　そうですね。ただ、マンションに限らず、一戸建ての場合でも災害が発生すれば断水や停電は起こり得る。そういう場合に、近隣の一戸建て住宅との共同性が求められる点では同じではないでしょうか。

重松　インフラが復旧するまでは同じかもしれないけれども、例えば建物にヒビが入ったのを補修でいくか、建て替えるかっていうような時に、経済状況はもちろんだけど、価値観まで全部絡んできますよね。お話を伺っていて、マンションだって共同住宅のはずなのに、その共同性を否定しているところがある。

原　なるほど。時代的に見た時に、団地が減っていく一方で高層型のマンションがどんどん増えていくというのは、単に建物が古くなったから建て替えるという問題だけじゃないような気がするんですよ。共産党が伸びていった時代というのは、日本社会の中にコミューナルなもの、つまり共同性を求める空気があった。社会主義の神話がまだ信じられていたわけです。ところが、冷戦が崩壊して社会主義が凋落すると、九〇年代以降、そういうものを求めなくなっていく。このような日本社会の大きな変化とも、どこかで関係しているんじゃないか。

重松　マンションは、民間は特にそうですけれども、ゼネコンが作って売って、そのまま管理も請け負ってありましたよね。それがどんどん撤退していく時に、管理体制もどんどん悪化していく状況って、あるわけですよ。この間、マンション大手の穴吹工務店が事実上倒産したけれども（二〇〇九年十一月）、会社がコケた場合に、団地だったら、公団がコケても、国に話を持って行けますよね。民間の場合だと、どうなっちゃうんだろうという。

原　それは非常に悲惨な形にならざるを得ないですよね。
重松　団地ほど大規模ではないから、共益費の負担も大きいですよね、容積率も目いっぱい使っちゃってるから、建て替えるとしても、部屋数を増やすことができない。ということは、建て替えなんてできないんじゃないか。そうなるともう、逃げて行きますよね。逃げて行ったあとは廃墟になる、そんな気がしてしょうがない。団地ってまだ規模が大きな分、再生する時にも共同体としての力が発揮できるんだけど、マンションの場合って、個人の意思では通用しない不自由があり、なおかつ共同体の力で持っていく余裕もないっていうことになると、本当に三十年、四十年後にどうなっていくのかっていうのは、難しい問題ですよね。
それこそ今、マンションの建物ごとケーブルテレビや光ファイバーなんかを入れようとしてるんですけども、管理体制がしっかりしてないマンションって、やっぱり入らないんですよ。住人の統一が取れないとか、窓口がなくて。そうなるとね、自治会というものを持っていた団地のメリットっていうのが、出てくるんじゃないですかね。

多摩ニュータウンを甦らせる方法

原　そうすると、揺り戻しが来ると言うんですかね、今はもう団地というのは廃《すた》れているとか、せいぜいノスタルジーの対象としか見られていないかもしれないけども、むしろこれからの住宅を考える上での新たなモデルになるんじゃないですか。
重松　滝山団地でも、確かにバス利用だけども、ニュータウンの奥の方の地区よりはずっと便利ですよね。しかも、全体としてコンパクトにまとまっている。だから、まだまだ再生の可能性がある。でも、ニュータウンの奥の方の地区は、再生しようと思ったら、もう一回、開発ごとやり直さないとできない。それはちょっと難しいんじゃないかと思わざるを得ないんです。

多摩ニュータウンの構想って、職住近接のはずでしたよね。そこに会社が来て、通勤のメリットだけでなく、法人税の収入も見込んで回していくという前提だったものが、会社が入らなくてけっきょく住むだけのベッドタウンになった。そうなると不利なわけで、だんだん陸の孤島化していく恐れがあるんじゃないかなと思って。

原　その流れというのは確かにあります。例えば大学は、青学にせよ東洋にせよ、いったん郊外に行ったのが、もう一回都心に戻ってきています。多摩田園都市も、イギリスのガーデンシティをモデルにしていたのに、けっきょくただのベッドタウンにしかなっていない。

しかし、つくばのように、職住近接を実現させた東京郊外の都市はないわけではないし、さいたま新都心や横浜のみなとみらい、千葉の幕張メッセには、首都機能が一部移転しています。だから、多摩ニュータウンに首都機能の一部を移転させることだって、やれないことはないと思うんですね。もっとも政府は、多摩地区では立川を重視していて、大災害で都心が機能不全に陥った場合、立川を臨時の首都にしようとしているようですが。

重松　多摩ニュータウンでよく言われるのが、いろんな会社がオフィス機能の一部を移してはいるんだけど、それが地元住民の雇用につながっていないと。社員はけっきょく、遠くから通ってくる。今は雇用を増やさなきゃいけないわけで、地方都市が工業団地を作るのも、つまりは地元の雇用確保のためなんだけど、なかなかうまくいっていません。企業誘致で雇用を確保して、住民を定住させるっていうのは、もう難しいんじゃないかなっていう感じはするんですけど。そこはどうお考えですか？

原　郊外を活性化させるには、企業という発想だけではダメなんじゃないかという気がします。私は明治学院大学に勤めているので、大学という視点で言うと、明学の場合はキャンパスが白金と戸塚にあるわけです。私は戸塚に通っているわけですけれども、戸塚というのも一つの郊外じゃないですか。しかも大学があるのは山の上で、駅からも遠いわけですよ。そういう意味では不利な場所ですが、毎日数千人もの学生が通って来る。

ふだんは全然、大学と地域のつながりはありません。ところが、国際学部付属研究所の所長になり、公開セミナーをやるようになってから、見えてきたものがあります。公開セミナーを開催して一番喜んだのは、じつは地元の住民なんですね。駅から離れた場所に住んでいて、高齢化してくると、横浜に出るのもけっこう大変なわけですよ。だから、近所の大学に重松さんとか桐野夏生さんとか姜尚中《カンサンジュン》さんとか、著名人が来て話をするのをタダで聴けるのは、地元住民にとっては非常にありがたいということになる。

重松　確かに、大阪でも名古屋でも、郊外に移転した大学であればあるほど、市民に公開する講演って多いですね。

原　大学の周りも、郊外ですから団地は多いわけで、そういう団地に一人で暮らしている老人も少なくない。そういう人たちが近くの大学に来て講演を聴く。今回、ちょっとアンケートをとったんですけど、高齢者の方々がけっこういました。年金暮らしのギリギリの生活の中で、このような催しはありがたい、生きがいになるし、ボケ防止にもなると。講演の全部を理解できるわけではないけれども、聴きながら頭を働かすということが、どれほど貴重なことかという声が多かった。私はもともと、明学も白金にキャンパスを統合させるべきだと考えていたのですが、公開セミナーを始めてから、考えが変わりました。

重松　原さんのところでの連続公開講座の広報や告知は、どんなふうになさったんですか？

原　ホームページや電車の車内広告や新聞での告知もありますけれど、それに劣らず力を入れてるのは、じつは町内会の回覧板なんですよ。

重松　ああ、そうか。それはすごく納得がいきます。ホームページだとパソコンを持っていない人には伝えられない。じつは、その情報格差は無視できないと思っているんです。そう考えていったら、掲示板とか回覧板とか、アナログで手渡しできるものの方がはるかに効果があるわけですね。

原　そうです。次回はそれをもう少し広い地域にまでやってみたいと思っているんですよ。

孤独死をどうやって見つけるか

重松　今の掲示板や回覧板のお話は、孤独死の問題にもつながると思います。

原　これからはますます増えていくだろうというのが、重松さんの見通しですよね。

重松　現状のままだと、残念ながら……。マンションって、団地以上に密閉性も高いじゃないですか。だから変な話だけど匂いも漏れないから、それこそ死臭が漂ってきてっていう形の発見すらなくて、白骨体っていう方がリアルになっちゃうかもしれないなと思って。

それで、住民が無事でいるかどうかを確かめる方法で言うと、今は共益費も銀行口座から自動引き落としだから、たとえ部屋で孤独死していても表面上は何もわからない。預金残高がなくなって引き落としできなくなって、初めて「ちょっとおかしい」となるケースはありうると思う。そうなると、共益費だけでも現金で、訪問して集めた方がいいんじゃないか。それで、今おっしゃった回覧板のシステムって、やっぱり大事かもしれない。直接顔を合わせなくても、郵便受けに入れて、それにハンコを捺《お》すだけでもいいんですよ。何かしら生きてる証拠と言うか、鉄道でいう、何でしたっけ？　輪っかみたいな。

原　ああ、タブレット。

重松　そうそう、タブレットを交換するみたいな感じで。

原　団地の場合は、前にも触れた部屋の電気の他、ベランダを見るそうですね。いい天気なのに洗濯物がずっと出てないと、これはおかしいぞっていうことになるわけで、なるほどと思ったんですよ。高層マンションになると、それもわからなくなりますよね。

重松　わからないし、マンションによっては美観を損ねるという理由でベランダに洗濯物を干せないところもある。郵便受けも、最近のは覗きにくくなってるから、どんどん発見しにくくなる。だから、生体反応というか、そういうものが見つけづらくなっていて。

孤独死についての常盤平団地の取り組みって本当にすごいと思うのと同時に、こういう言い方は良くないのだけど、一つの団地で二人も亡くなったから初めて顕現化したんであって、民間のマンションで一人ずつ死んでも、そんなに大きな問題だということがわからないと思うんですよ。だからやっぱり、自治会に象徴されるような横のつながり、情報の共有がまず必要になる。こんなことが起きたんだぞ、というような。

原　そうですよね。だからこそ、初期以来の団地の歴史、あるいは自治会の歴史をきちんと検証しておくことが大事なんじゃないかという気がします。

常盤平団地の外国人

重松　そこが、若い世代に伝わっていかないと……。

原　ただ、若い世代が全く住んでないかというと、団地によってはそうでもないんですよね。だって家賃が安いじゃないですか。例えば赤羽台団地は非常に便利で、赤羽駅から歩いて四、五分ですよね。定期借家といって、建て替えるまでの期間しか住めないという条件付きながら、三〇〜四一平米で家賃は三八四〇〇円〜五八三〇〇円。古いのを我慢すれば、かなり魅力的な物件だと思うのですよ。

重松　URからすれば、そんなに便利な場所なのだから建て替えて、新しいという付加価値を加えて家賃をもっと上げていきたいという感じになるのかな。収入増というか。

原　URはたぶんそう考えているんですね。古い団地で物件が出ても、赤羽台のように期限付きという場合が多い。つまり、何年かすれば建て替えますから、その時には出て行ってもらいます

建て替えが進行中の草加松原団地（埼玉県草加市）。建て替えて高層化し名前も改まったコンフォール松原を臨む。撮影＝新潮社写真部

ということを織り込んで貸すわけです。それでも、赤羽台の現地案内所には若い夫婦がけっこう来ていました。

重松　それは頼もしいですね。そもそも、まだ「生きている」団地と、空き家が増えてどうしようもない団地との、その分かれ目って、もちろん立地条件とかはあるでしょうけれども、それ以外に分かれ目になるものって、何ですか？

原　建て替えをするか、しないかという問題があると思うんですよ。建て替えにはリスクがある。つまり、建て替えの際、いったんみんな強制的に排除されますよね。そうすると一時的にではあれ、廃墟が生まれるわけですね。そういう団地を今までたくさん見てきましたけれども、問題は、建て替えをした後に彼らが戻って来るかどうかです。つまり、建て替えた後は家賃が値上がりして、そこには

住めないという理由であるとか、あるいは、もっと何か根源的な——自分が好きだった団地の風景が失われてしまったので、もうあそこには住みたくないという理由もあると思います。

いずれにしろ、戻って来ない住民や、高齢のため住めなくなったり、亡くなったりする住民が多くなった場合、新住民が大量に入居しない限り、せっかく建て替えたのに埋まらないという話になる。先日ゼミで訪れた新宿区の都営百人町三丁目アパートがそうでした。ここはもともと、都営戸山団地だったのを高層アパート化したのですが、高田馬場駅から徒歩数分と立地条件は抜群であるにもかかわらず「限界集落」と呼ばれ、郵便受けに軒並みガムテープが貼られていた。こうなると、事態はかなり深刻になっている。常盤平団地は、こうした実例を踏まえて建て替えを拒否している要素もあると思うのです。

重松　高層化していくというのは、新規に増える分の購入費用で建て替え費用を補塡しながらっていうことですよね。それができるということは、最初の段階では比較的、建蔽率や容積率に余裕があったっていうことですよね。

原　そうです。だから棟と棟の間の芝生もゆったりしている。もともと余裕があったから、建て替えると大きな高層アパートができる。その代わり、芝生は失われてしまいます。

重松　逆に民間のマンションのやばいところは、最初の段階でもういっぱいいっぱいで建てているから、これ以上、増やせないっていう。

原　もうギリギリなんで、大きく建て替えられない。

重松　竣工したあとで、その区域に高さ制限ができたマンションってありますよね。法律が変わる前の建物だから現状ではセーフなんだけど、今の建物を壊しちゃったら、同じ高さではもう建てられない。そうなると建て替えたら階数、つまり部屋数が減ってしまう。そこにもし、地震とかでひび割れでも入ったら、どうするんだろうっていうのがある。その点では団地って、高層化がいいかどうかというのはともかくとしても、この建蔽率の話に象徴されるようにポテンシャルがあると思います。

原　そこが団地の良さなんですよ。公団はそれも売りにしていたんです。ひばりが丘にしろ常盤平にしろ、芝生や桜など、自然に恵まれた広い敷地の中で、ゆったり暮らせるということを。だから今でも常盤平に行くと、棟と棟のあいだが広く空いていて、そこに芝生が植えられ、大きな松が生えている。

ところが、建て替えられることによって、それが失われちゃうわけですよ。都営戸山団地でも、大ケヤキは根こそぎ切り倒されるし、長い年月をかけて自然の中に団地の建物がうまく調和していたのに、全く違う風景に変わってしまうわけですよね。そうすると、古くからの住民は、もうなじめなくなってしまうのです。

重松　常盤平では住民はどれくらい入れ替わってるんでしょうか。最初からずっといる人って、何パーセントぐらいなんでしょうね。

原　最初からいた人は、年齢的に言うともう七十代、八十代になっているはずです。六十五歳以上の高齢者は三〇パーセントを超えていますから、やはりそれなりにいるのではないでしょうか。自治会長の中沢さんもずいぶん長くて、それだけ長く住んでいると、もう他には移れないって言うんですね。住み慣れたふるさとみたいなもので、今さら移る気にはならないと思います。
重松　滝山では、最古参の方というのは、やっぱり最初からの？
原　ええ、いると思います。たまプラーザ団地や田園青葉台団地にも若い夫婦に混じって高齢者が多く住んでいますが、なかなか空きが出ません。
重松　そういう空き部屋の順番待ちになるような団地がある一方で、ゴーストタウン化してしまう団地もある。よく言われるのは、人が入らない団地を救う方策として、入居条件の緩和、具体的には外国人を入れるかどうかっていうのが出てくると思うんですが、それはどうですか？
原　URの賃貸団地は、家賃の四倍の月収があれば、保証人なし、更新料なし、礼金なしで入居できますから、もともと外国人が入居しやすかった。だから常盤平もそうだし、埼玉県川口市の芝園《しばぞの》団地にいたっては、全世帯の三分の一が中国人世帯になっている。そうすると、日本人との間に摩擦が出てくる。中国人の方は日本人と仲良くしたいわけですよ。ところが、日本人の方が警戒してしまう。カルチャーが違うとか、ゴミ出しができないとか、いろいろ理由をつけて排除する。先ほど、常盤平では商店街の一部を活用して老人の憩いの場にしているという話をしましたけれども、そういう場を作らないといけないと思うんですよね。
重松　いわゆる交流の場みたいな。
原　そうそう。それができないと、猜疑心ばかりが増幅してしまう。
重松　これはニュータウンを見てきた人間の実感なんですが、年末に広場で餅つきをやったりお雑煮を作ったりすると、うちは丸餅だとか、うちの雑煮は味噌だとか、バラエティが豊かなんです。やっぱり東西南北いろんなところから集まってるから、ニュータウンは多様性があると思うんですよ。一方で団地って、部屋の間取りなんかは均一性の下にあるんだけど、住んでいる人たちの多様性っていうものはどこまで意識されていたんでしょうか。それとも、同じアッパーミドルとしての均一性の方が強かったのかな。

原　均一性の方が強いですね。

重松　そうなると、排除の力学っていうのが出てきちゃいますよね。

原　ええ。家族構成にしても、最初から非常に均一なものを想定していたことは間違いないわけで。だから、外国人が入って来るなんていうことはまったく想定してなかったと思うんですよね。それが近年、外国人が増えて、日本人との間に摩擦を引き起こしているということは、逆に言えば、それまでそういうことがなかったということでもある。

重松　そうなると、外国人だからと言うわけじゃないけれども、治安の問題っていうのが出てきますよね。空き部屋が増えてくると治安も悪くなると言うけれど、逆に、外国人が多いことで治安が悪くなるんじゃないかと心配する声も、現実としてあります。

原　実際どうかは別としても、イメージとしてはありますね。

重松　イメージ。そうなんですね。

原　ここは危ないんじゃないかっていうふうに思われてしまう要素はあると思いますね。

重松　外国人の入居を禁止するという動きはあるんですか？

原　いや、そこまではないと思います。

重松　受け容れる。すると今後、その比率は……。

原　上がっていくと思います。そうなると、常盤平みたいに中国語の注意書きが貼られたりということだけじゃなくて、彼らと会話する必要が出てくるというので、そこに住んでいる中国人を先生にして集会所で中国語の教室が開かれたりする。そういう形の交流が生まれるところもあるわけですから、マイナスとばかりは言えませんね。ただ老人にとっては、ストレスになる面もあるとは思います。

重松　やはりストレスは生みますよね。でも、そうやって団地が流動化して外国人も入って来ることよりも、流入をシャットアウトして空き家が増えていくデメリットの方が大きい？

原　やはり、空き家が増えていくことの問題の方が大きいんじゃないですか。それはコミュニティが崩壊していくということですから。それよりは多少の摩擦があっても、新しい共同性を築いていく方が健全だと思うんですね。

団地のピークはいつだったのか

重松　それにしても、今の少子高齢化社会の到来は、戦後の住宅政策ではまったく見通せなかったんでしょうか。建て替えや空き家の問題もそうだし、四階や五階でもエレベーターがないというあたり、お年寄りが団地に暮らし続けるというのが、そもそもの前提になかったんじゃないかと思ってしまいます。

原　ええ、それはないですね。前にも言ったように、団地は基本的に若い世代が住むところであって、年齢が上がっていけば、一戸建てに移って行くものだという前提があったわけだけれども、意外と動かなかった。動かなかったということで、公団はある意味で自信を持ってしまい、今度は分譲をたくさん作っていっても、倍率が下がることはないだろうと。ある程度はその通りだったんです。滝山団地はそうだったし、多摩ニュータウンもそう。七〇年代までは、確かにそういう時期はあった。だけどそのあと、ガクッと落ちるわけですね。

重松　それはなぜ落ちたんでしょう。

原　一九七三年には、住宅の絶対的戸数不足が解消され、住宅戸数が世帯数を上回った。この年を境に、住宅問題が「量より質」という局面に入ったことは、公団自身が認めています。この局面の変化にうまく対応できなかったのではないか。

重松　そこで飽和しちゃった。

原　七〇年代の初めでもう、統計上は完全に足りてしまった。大勢を一挙に住まわせるために団地を作る必要がなくなったんです。それにもかかわらず、公団は団地を作り続けた。

重松　それでも作り続けたというのは、やっぱり親方日の丸だから？

原　もちろん、それまでと同じような狭い団地ばかりを作り続けたわけじゃないですよ。分譲でも、それまでは六〇平米台や七〇平米台だったのを、八〇平米や九〇平米台にしていく。つまり、一戸建ての床面積に近づけていく。そういう変化はあったけれども、ともかく作り続けた。

重松　しかしね、それこそずっと、それまでのペースで作り続けていったら、いつか飽和してしまう。そういうシミュレーションって、しなかったのかな？

原　うーん。

重松　それとも当時はここまで民間のマンションが伸びるとは思っていなかったのかもしれないけれども、今の話を伺っていると、そんな簡単な理屈がなぜわからなかったんだっていうふうに言われちゃうと思うんだけど、どうなんですかね？

原　まあ統計上は住宅戸数が世帯数を上回ったというだけの話ですから、まだまだ木賃アパートのような劣悪な住宅は多かったし、新しい住宅が必要な地域もあったと思うんです。実際に千葉県の場合、公団が作った団地の数の一番の山は七〇年代で、六万戸近く作られている。八〇年代になっても、まだ三万戸近く作られています（『朝日新聞』千葉版、二〇一〇年一月三日）。

重松　じゃあ、東京が終わっても、まだその周辺があったと。

原　そう。だから開発できる地域がまだあって、そこには需要があるというふうに見ていたと思うんですよ。東京都政調査会のシビルミニマム研究会が七一年三月に発表した「東京の住宅問題」によると、木賃アパートが全世帯の三〇パーセント以上を占める地域は、北、荒川、文京、豊島、新宿、中野、渋谷、目黒、港、品川、大田の各区に及び、広大な「木賃ベルト地帯」を形成していた（『朝日新聞』東京版、七一年三月十二日）。こうしたところに住む人々が、郊外の団地にどんどん引っ越すと見ていたわけです。

重松　そうか。それがやっぱり少し甘かったと。

原　甘かった。前にも言ったように、六八年六月に募集した花見川団地の普通分譲の希望者は、募集戸数の半分にも満たなかった。このニュースを伝える『朝日新聞』六八年七月六日には、

「曲りかどの公団分譲住宅」「『遠くて狭い』はご免　建てれば…の時代去る」という見出しが躍っています。にもかかわらず公団は、七〇年代以降、もっと不便なところを開発しています。千葉県で言えば千葉ニュータウンがそうだし、京成本線の勝田台からバスで行く村上団地などもそう。団地と言えば遠くて狭くて不便というイメージがますます広がっていくわけです。確かに九〇年代以降は、浦安など湾岸の比較的便利なところを開発するようになりますが、それまでのイメージが悪すぎた。公団の見通しとしては、郊外というものは開発すればまだまだそこに住む人は……。

重松　ニーズはあると踏んでたわけですね。じゃあまさに、あのバブル時代に都心の地価が高騰した時っていうのは、公団にとっては、さあ、今から郊外の時代だっていうふうに思ったはずですね。

原　そういうことですね。しかし、七三年三月に西上尾第一、第二団地など、団地住民が主体となって国鉄の順法闘争に反旗を翻し、高崎線の上尾駅で暴動を起こす「上尾事件」が起こったあたりで、長時間の過酷な通勤を強いられる郊外団地のイメージは、社会的に見てもそうとう変わっていたと思うのです。こういう時代の兆候を、公団はきちんと見抜けなかった。

重松　それこそ、南大沢からバスで何分というようなところの公団が、すごい倍率になって。それがバブル崩壊で、完全にダメになった。それも大きいですよね。

原　大きいですね。

重松　最終的には、公団そのものがアウトになっちゃったわけですもんね。

原　そうです。

住まいの将来を見通せない国

重松　ただ、上京して来た人間の感覚で言うと、例えば大学進学や集団就職で東京に出て来た人たちが、一生、東京で過ごすかどうかっていうのは、最初はわからないと思うんですよ。いずれは田舎に帰るかなっていうのが漠然とあったり、ずっと東京かなっていうのが漠然とあったり。

僕たちだって、大学へ入った時点では、東京に骨を埋めるとは思っていなかった。今は東京に家を買ったけれども、もしも田舎の両親のいろんな問題があったら、帰らなきゃいけないかもしれないっていうのが、いつもあった。だから何かね、心ならずもとか、思いがけずとか、図らずもっていうことがすごくあるような気がするんですよ。

それは上京組に限った話ではないと思うんです。団地のおばあちゃんに息子がいて、息子が家を買ったから一緒に住もうと思ったら、家が狭くて、おばあちゃんは一人で団地に住み続けるとか。何かそういう、シミュレーションできない人生みたいなのがすごくあるような気がして。

今、団地で一人暮らしをしているおじいさんやおばあさんたちが、ほんとに最初から、そういう人生っていうものを見通していたとはとても思えない。いろんな事情が絡み合って、今、図らずもここにいるわけですよね。それが図らずもラッキーなのか、アンラッキーなのかはわからないけれども、戦後の日本って、家に対する意識の変化もそうかもしれないし、家庭っていうものも、四十年前に今の姿を見通すことができないような国だったんじゃないのかなという気がすごくするんですよ。

地方でも同じです。僕がこのまま東京で一生を送れば、田舎の家は誰も住まないまま、田んぼや畑も荒れ放題になっちゃうだろう。でも、おそらく祖父母や両親は、僕が生まれた時点では、まさか田舎の家に誰も住む者がいなくなるとは思っていなかったはずで、それこそ「跡取り」ができて安心していたと思うんです。そんなふうに、四十年後、五十年後、二世代先が見通せなくなっちゃったのが、この戦後っていう時代だったんじゃないのかなと思うんですよ。それで、その光と影に一番翻弄されてきたのが団地っていう、戦後に生まれた新しい住居形態だったんじゃないのかなと思うんですよね。

原　そうですよね。団地というのは戦後にできたんだけれども、けっきょく世代を超えて住み続けるような経験、つまり「団地体験」が継承されなかったわけですよ。団地の黄金時代というのは、そんなに長く続かなかったわけじゃないですか。今の団地のイメージというのは、当初とはまったく違ったものになっている。戦争体験の継承ということは言うわけだけれども、団地体験の継承っていうのは、言われないわけですよ。団地が輝いていた時代というのは、もうとっくに忘却されている。マンションの未来を考える上で、団地の例が参考になるというなら、誰かがきちんと書き残さなければならないのに、それをやっていない。

それはなぜかと言うと、あまりにも短かったからだと思うんですよね。つまり、団地が輝いていた時代というのは、どんなに長く見積もっても、五〇年代後半から七〇年代前半にかけての十年あまりしかなかったわけでしょう。その時代はもう、二度と戻ってこないわけですよね。

重松　確かに僕と原さんは年齢は同じだけども、僕が一九八一年に上京して来た時点では、もうそういう団地のイメージはありませんものね。

原　ないです。極めて短かったその時代を知っているからこそ、あれはいったい何だったんだろうという思いがずっとあるわけです。そのことを『滝山コミューン…』に書いたつもりだけれども、あれを書いて一番驚いたのは、私と同じ世代だけでなく、その前後の世代でも、同じような経験をした人間が意外に多いとわかったことなんです。だけど、それは今までちゃんと言説化されてこなかったっていうことですよね。

重松　常盤平の自治会で言うと、会長の中沢さんは今でも現役だけど、その後継者たちは――さっき、奥さんがたのお話を聞きましたが、何歳ぐらいなんですか？

原　もう、かなりのお年です。

重松　それこそ四十代後半の、僕たち世代の後継者っていうのはいないわけですか？

原　いないですね。ただ、最近はちょっとまた別の変化が起こっている。建て替える際に、URが持っていた団地の一部を民間に売っちゃうんですよね。そうすると、そこには民間のマンションができる。そっちには若い人が住むんですよ。しかし、もともとそこは団地の一部だから、そのマンションの住民も団地の自治会に一緒に入るということがあって、そうすると、自治会が俄然、活気づく。

重松　建て替えによるガラガラポンで、一回シャッフルされることによって出てくるメリットだって、じつはあるのかもしれない。それこそ晩年の同潤会アパートが、若い世代に人気だったように、団地がかっこいいから住みたいっていう若い人も出てくるかもしれない。

原　いるんですよ。最近。例えば大学生とか、それまで全然、団地なんて触れたこともないっていう人たちが、スターハウスなんかを見て興奮して、こんなにかっこ良かったんだと言って。それを見学するツアーとかがあったりして、けっこう人気あるんですよ。それは男女比が半々ぐらいなんです。

重松　ほお、じゃあ、結婚したら団地に住むね（笑）。

原　ええ。女性が多いというのは鉄道と違うところです。

重松　そういう若い世代は、プライバシーよりもむしろ共同性を求めて団地に入りたいと思っているんでしょうか。

原　若い人の中には、それはあると思うんですね。ワンルームマンションに住むよりは、いろんな催しなどもある。一戸建てではなかなか入手できないような広い土地に、四季折々の植物を育てることもできる。もう少し踏み込んだ人だと、世代を超えて住民同士で話がしたいというのもあると思うんです。

重松　プライバシーが守れることではなくて、コミュニティができるという、そっちの方が団地のメリットになってくる。一戸建てや民間のマンションがプライバシー過剰だとするなら、相対的に団地がいま一番開かれた形態になってきたのかもしれませんね。新宿のゴールデン街が若い世代の流入によって活気づいたように、団地も変わる可能性はあり得るわけですね。

原　あり得る。例えば板橋区の大東文化大学は、高島平団地に近いという立地条件を生かすべく、家賃補助をして学生を高島平に住まわせる代わりに、学生は団地でボランティア活動を行っている。面白い取り組みだと思います。

人が歩ける街には活気がある

原　さっき、うちの大学（明治学院大学）の取り組みを言いましたけども、大学が地域の団地などと結びつくと、局面は変わってくるんですよ。若い人たちの、団地に対する、あるいは住宅に対する関心が出てくる。

重松　多摩ニュータウンだと、大妻女子大学に事務局がある多摩ニュータウン学会というのがあります。あとはどこだったかな？　ニュータウンにある大学の工学部かどこかで、さっき話した五階建ての公団に、後付けのエレベーターを開発したりしているみたいですよ。

原　大学の側が何もしなければ、大学と地域というのは結びつきません。それどころか、地域にとって大学というのは、やっかいな存在にもなり得る。うちの大学で言うと、戸塚の駅と大学の間を三〇分ぐらいかけて歩く学生も少なくないんですね。別に遊歩道が整備されているわけでもないので、住宅街の道を大勢の人間が行ったり来たりするわけでしょう。そうすると、住民から苦情が来る。学生のマナーが悪いってね。

重松　タバコの吸殻を捨てたりね。だから単に大学があるだけじゃダメなんですね。やっぱりそういう面では早稲田とか、慶應の三田や日吉っていうのは、街と学生が共存してると言うか、共生してますよね。やっぱりそれなりの歴史というか、取り組みがあったと思うし。逆に、大学が移転して来たニュータウンでは——例えば僕が以前住んでいた八王子のめじろ台という街には、法政大学もあるし、東京家政学院もあるんだけど、バスでないと通学できないから、学生と街との接点がない。学生街とか、大学の最寄り駅っていうイメージが全然ないんです。

原　慶應のＳＦＣ（湘南藤沢キャンパス）もそうですよね。あそこも小田急江ノ島線、相鉄いずみ野線、横浜市営地下鉄の三線が通る湘南台からバスで行くわけだけれども、どこに飲みに行くかっていうと、町田とか、新宿まで行ってしまうそうです。

重松　それを思うと、早稲田あたりは絶妙のロケーションですよね。高田馬場から歩いてもいいし、バスでもいいっていう。

学生にかぎらず、人が歩くっていいですよね。街の活気って、やっぱり歩いてる人がたくさんいるっていうことだと思うんですよ。団地のいいところって、フラットな場所も多いし、車も入りにくいから、歩きやすい。お年寄りのリハビリも、やりやすいと思うんですよ。で、少し元気のいいお年寄りは周りの商店街に買い物に行って、帰って来ればいいと。

外に出て歩くためには、徒歩圏内に商店街とかスーパーマーケットがあって、生活が成立しないとだめですよね。そうじゃなかったら、車で移動ってことになっちゃうから。だから滝山団地に商店街が健在だっていうのはすごく大きいんじゃないかな。

原　大きいですね。前回も話しましたけど、商店街っていうのが、単なるショッピングの場じゃないわけですよね。そこにはパチンコ屋もあって、射幸性の低い台でゆっくりパチンコが打てる。そういうのは何か、そうとうな年輪というか、地域が成熟しないと出てこないものだと思っていて。やっぱり滝山っていうのは、団地ができてもう四十年ぐらい経ってるわけですから、その間にそうとう商店街と団地住民のあいだの連携が……。

重松　できあがってる。

原　いま行っても、そんなに変わってないですからね。スーパーの「二幸」が撤退したり、イトーヨーカドーができたりはしましたが、中央商店街も五丁目商店街も、七〇年代と比べてそれほど激しくは入れ替わっていない。その懐かしさはやっぱりありますよね。

重松　個人商店って、家業なわけじゃないですか。だから、いい店はできれば息子にも継いで残してほしい。前に話したようにニュータウンのロードサイド・ショップって、短期決戦型というか、三十年先なんて考えてないと思う。やっぱり、数年で初期投資を回収して儲けようっていうものと、家業だから続けるっていうのとでは、自ずと違ってくると思うんですよね。だから商店街に関しては、団地の方が全然いいと思う。ニュータウンはつらいですよ。すぐ入れ替わるんだもの。

原　私は永山団地や諏訪団地のあたりは八〇年代の初めぐらいからずっと見ています。八〇年代の永山地区には、永山北、永山東、永山西、永山南と四つの小学校があった。永山東小学校や永山西小学校の前をよく通りましたが、どちらも活気があって、放課後も校庭で児童がよく遊んでいました。永山名店街や諏訪名店街もにぎわっていて、滝山と比べても差が付いたな、さすがに多摩ニュータウンは違うなと思った時期も確かにあったんですけれども、それが今は、永山地区の小学校も二つに統合され、名店街もシャッターが目立つようになり、空き店舗にはデイサービスや「補聴器倶楽部」「ライブハウス永山福祉亭」が入るなど、すっかり様変わりしている。諏訪五丁目の自治会では、二〇〇九年三月から集会所を利用して、毎週土曜日の午後、高齢者と子供が交流する「ぶらっとラウンジ」を開いてきている。往年の多摩ニュータウンをよく知っているがゆえに、今日の変わりようというのはちょっと想像できなかった。

（以下、後記）前に触れたように、入居者の二五パーセント以上が七十歳を超えた諏訪二丁目では、ついに管理組合が高層化による建て替えを決議しました。URが関与しない分譲の建て替えは珍しいのですが、戸数を増やし、販売で得た資金により、今と同じ面積分については新たな負担が生じないようにしたことで、住民の九割以上が建て替えに賛成したわけです。しかし、建て替えることで問題が解決するわけではないのは、これまで話してきた通りです。

重松　京王も小田急もそうなんだけど、駅がやたらとでかい。駅前のスケールが人間の身の丈に合ってないと言うか、何かいろんなものが大づくりで、という話をしましたけれども、だからこそ西武線の駅の、あの小ぢんまり感っていうのが、身の丈な感じですよね。ニュータウンは駅も高架だから、高架下は荒涼としてるし、やっぱり何か、車で見た時のパースペクティブで作ってるとしか思えなくて。

原　そうですね。多摩ニュータウンの道路というのは、やたらと歩道橋が多い。横断歩道があんまりなくて、車道と歩行者専用の道が立体交差している。もっと言えば、歩道より車道のほうが目立っている。あの風景はやっぱり、歩行者優先の滝山団地とは違いますね。高齢者が住みづらいのもよくわかります。

重松　モータリゼーションが極限まで行った時代にできあがった街と、歩くスケールでできあがった街の違いですよね。立体交差っていうのは、アップダウンの多い地形の要請もあると思うんだけれども、車が赤信号で止まらずにすむストレス軽減と引き換えに、人が階段を上り下りしなきゃいけないようにしちゃったわけでしょう。すごく本末転倒に感じますよ。確かに若い頃は車を前提に住みましたと。じゃあ今、高齢者の免許をいつまで持たせるんだっていう議論もある。何となく、滝山とか常盤平とかだったら、車を奪われても、まだ何とかなると思うんだけども。

原　うん、大丈夫ですね。

重松　多摩センターで七十、八十になって、車を奪われちゃったらどうなるんだっていう問題も出てくると思うんですよ。やはり公共交通機関のインフラで補塡するしかないと思うんだけど、なかなかそれも難しい状況だし。

原　特に駅から離れた、バスでしか行けないところは深刻ですよね。

重松　若くて元気なうちは車で量販店まで出かけて、重たいビールをケースごと持ち帰れるけれども、年を取ったらそれは無理だから、少し割高でも、部屋まで配達してもらう方がいいわけじゃないですか。だから、いつまでもみんなが「ＩＫＥＡ」で買い物できるわけじゃない、ということも考えなきゃいけないんだろうと思います。

原　団地の中にあったスーパーや商店街などがちゃんと機能していた時代は、近くで買い物もできたと思うんですけども、それが事実上なくなり、駅前まで行かないと買い物ができなくなった。例えば春日部市の武里団地や船橋市の金杉台団地では、団地の中にあったスーパーが閉店してし

車道と歩行者用の道があちこちで立体交差する多摩ニュータウンの風景。多摩市落合にて。撮影＝新潮社写真部

まった。一方、人口がまだ増え続けている多摩田園都市は全く違います。青葉台の場合、駅前に明治屋や成城石井のような高級スーパーがあるかと思えば、富士スーパーやつるかめランドのような大衆的なスーパーも充実している。駅から一キロ以上離れたところにもスーパーがけっこうある。スポーツクラブも多いし、病院やデイケアサービスも充実している。

重松　それは東急が主体となってやっているんですか？

原　いや、東急はそこまではやっていません。東急がやっているのは、一戸建てやマンションの建設を別にすれば、セキュリティサービスやケーブルテレビサービス、インターネットサービスなどです。しかし私が住んでいるしらとり台は、数百メートルほどの通り沿いに内科、整形外科、皮膚科、歯科、眼科、耳鼻咽喉科、心療内科などの病院が揃っていて、老人ホームもいくつかある。確かに多摩ニュータウン同様、丘陵地でアップダウンがあるけれど、多摩ニュータウンのような階段式の団地は少なく、一人暮らしの老人でも住みやすい。

重松　これからは、そういうことが不動産の価値を決めそうな気がしてきました。

原　そこなんですよ。しらとり台の例で言うと、さっきと同じ通りに中学受験の塾もけっこうある。なぜ多摩田園都市の人気が落ちないのかと言うと、子供の教育に熱心な母親と高齢者の双方にとって住みやすいからなんですね。こういう人たちは通勤しないから、田園都市線がどれだけ混もうが関係ありません。

重松　それは先見の明があったのか、結果論なのか。どっちなんでしょう。

原　結果論でしょう。最初から、そこまで考えていたということではないですね。だけど結果的に資産価値が上がっちゃった。上がったから、病院もたくさんできちゃった。偏見を承知で言えば、西武沿線だったら、そんなことで病院に行くかっていうぐらいね、すぐ病院に行くわけです(笑)。「すぐ病院に行く」という文化があるような気がします。

重松　やっぱり高齢化って、いろんな面での価値観を変えるんですよね。鉄道で言うと、駅での三〇秒停車とか一分停車ぐらいでは、もう乗り降りが間に合わなくなっていくでしょう。でも、そうなった時に、「停車時間をゆったり取る代わりに、所要時間は増えますよ」というのを鉄道会社や若い世代の利用者が受け容れるかどうか。

原　今のお話で思いだすのは、ＪＲ福知山線の脱線事故（二〇〇五年四月）ですね。ＪＲ西日本は、阪急が客を独占していた大阪－宝塚間で客を奪おうとして、ダイヤ改正でどんどんスピードアップしていった。その背景には、所要時間を短くすれば、客は阪急からＪＲに流れるんだという考え方があったと思うんです。

ところが、阪急はとっくの昔にそんな考えを捨てているわけですよ。スピードアップに血道《ちみち》を上げていたのは昭和初期であって、神戸線にせよ宝塚線にせよ、それから所要時間はほとんど変わっていません。じゃあ、阪急は何に一番力を入れたかっていうと、エスカレーターやエレベーター、スロープの設置などのバリアフリー化と、自動改札やラガールカードの導入などの自動化、カード化なわけですね。それを昭和のうちからずっとやってきている。関東の私鉄はみな少し遅れて阪急のやり方をまねしているわけです。

重松　なるほど。快適さや便利さの価値観はそれぞれですよね。二十代にとっての快適ということと、六十代、七十代にとっての快適ということは違うわけだし、男女でも違う。同じ二十代でも乗り降りが一分で済む人もいれば、三分必要な人もいる。もちろん、体に障碍を持っている人たちのことも考えなければならない。そうなると、一番弱いところに合わせてもらわないと。

原　多摩ニュータウンでは、高架の駅ができたから、かえって昇り降りが多くなり、利用しづらくなったとも言えます。老人にとっては高架もそうだし、地下鉄もそうだし、よけいに歩かなきゃいけないというふうになってきている。しかし、ある時期までは、地上でなく高架、構内踏切でなく跨線橋こそが鉄道の進んだ形態と見なされていたのは間違いない。阪急は高齢化社会をいち早く見越して駅のバリアフリー化を進めたわけですが、踏切をなくして高架駅を多くした田園都市線には、つい最近までエレベーターもエスカレーターもない駅がありました。逆に、西武新宿線の場合、高架区間もなく、地下鉄とも相互乗り入れせず、ある時期まですごく遅れているように見えたんだけども、高齢化が進んできた時に、そのままにしておいたことが、かえって……。

重松　良かったと。

原　そういうふうに見えてくる。いや、野方も東伏見も花小金井も、跨線橋なんか取り付けず、構内踏切のままだったらもっと良かったのにとすら思ってしまいます。

重松　本当に七〇年代から八〇年代、バブル崩壊までのスピード化競争とか、イケイケどんどん時代にやってきたことを、いま問い直す時期に来てるんじゃないかと思います。

エスカレーターがあればいいじゃないかって言うかもしれないけれども、エスカレーターの速さが怖い人っているんですよ。中国って速いんです、さすがに高度成長期だなあと思って。北欧は遅い。フィンランドも、スウェーデンも。やっぱり福祉の国だからなのかな、実際に乗った時の体感としてスピードもゆっくりだし、角度も緩やかでした。考えてみれば、団地は交通インフラと一緒に成立したわけなんだから、そういうところも総合的に見えるんじゃないのかなと思います。

原　確かに団地が作られていった時代と、鉄道の高架区間や駅の跨線橋が増えていった時代というのは一致しますよね。その時代は団地も階段だらけだし、駅も階段だらけで。

重松　みんな、元気良かったんだ。

原　社会としてそれを別に何とも思わなかったということはありますよね。ちょうど同じ頃、都電も荒川線を除いて、どんどん廃止されていった。玉電もなくなった。

重松　いや、本当、これからはスピードを落としていくことですよ。だからスローフードって言うけど、やっぱりそれは食べ物だけじゃないと思うんです。もちろん、一方でファストが必要な年齢とか時代だってもちろんあるわけで、そこをどう両立させていくかが、これは今もファスト志向のニュータウンでは特に問われるんじゃないかと思います。

共同浴場のある団地っていいな

原　そうすると、最初の話に戻るのですけれども、URが進めている高層化というのは、果たして実際のニーズに合っているのでしょうか。先ほど話したように、既存の建物を壊さない形での改築という方法もあるわけですよ。むしろこの方が、ニーズに合っているんじゃないか。それはURも最近、わかってきたと思うんです。これからは、全部が高層化していくのではなくて、いろんなタイプが出てくるんじゃないか。

重松　確かに、建築技術というものを、リノベーションのほうで、改築の方で使ってみてほしいですね。それに、おそらくインターネットがこれだけ広がると、将来は家財道具って昔より減ると思うんですよ、例えばCDラックがなくなる、本棚もなくなりかねない。そうなるとね、果たして今の八〇平米っていう広さが老夫婦に必要かっていう話になってくると思うんですよ。

原　テレビやオーディオもそうですよね。

重松　ブラウン管から液晶に変わったことってすごく大きい。だから、生活有効床面積というようなものは昔より上がってるんじゃないかと思うんです。まして小さな子供のいない夫婦だったりするとね。そうしたら、もともと七〇平米のところを七〇平米のままで建て替えるのもいいし、むしろひと回り減らして、浮いた一〇平米分のスペースに非常用のものとか、あるいは共用のものを置くようなシステムができることも考えうる。

今まではずっと、有効床面積をいかに広げるかのせめぎ合いだったわけだけども、いよいよマイナスの方向というか、ダウンサイジングをしながら、より快適な家を作る方向に変わっていくんじゃないだろうかなと思うんですよ。

原　そうなんです。年を取ってくると、一戸建てなんて逆に広すぎちゃうわけでしょう。そういう意味で団地というのは、適度なサイズなわけじゃないですか。それから、団地って収納が多いんですよね。押入れがけっこう多い。

重松　押入れの奥行きは、バカにしたものじゃないですよね。

原　だから、見た目よりも使い勝手がいい。実際に団地から一戸建てに引っ越してみて、一戸建てというのは意外と収納が少ないと感じたんですよね。

重松　本だって、あえて極論を言うなら、集会所に共用の図書館スペースでも作って、そこに置けばいいわけじゃないですか。そうすれば自宅に本棚を置かずに済む。本棚がなくなれば、地震の時も安心だったりする。そういうことも含めて、発想から考え直さなければいけないと思うし、考え直していけば、じゃあ、別に高層化しなくたって、ゆとりのあるものはできあがるんじゃないかなっていう感じはする。
原　これからは、高層化してしまった団地と、高層化を拒んだ団地の違いが出てくると思いますね。高島平団地ができた時代とはもう違いますから、高層化して戸数を増やさなきゃいけないわけではない。むしろ今は、「減築」という考え方があるくらいです。四階建てを三階建てに減らすなど、既存の建物をコンパクトに変えるわけですね。
重松　あとね、集会所には、共同浴場でもあるといいな。お年寄りにとってお風呂はね、一人で入らないほうが危なくない。もちろん、一人で入りたい時には内風呂でいいんだけど、なんか、そういうことも考えなきゃいけないんじゃないかと。水道を十二時間使わなかったらセンサーが鳴るみたいな、機械任せのものだけじゃないことはいっぱいあると思うんですよ。
原　同潤会アパートには、共同浴場も社交室もあったんですよね。一九三四年に完成した同潤会江戸川アパートメントでは、四七年から五〇年にかけて、住民の手で『江戸川アパート新聞』が発行されていた。その第一号には、すでに「アパートは我々の属する最小の共同体《コムミューン》である」（板倉勝正「アパート共同体《コムミューン》」という記事が見られます。さっき公団の初期まで遡って知らないといけないって言ったけど、本当はもっと遡らなきゃいけないかもしれない。
重松　床屋さんもあったんですよね。あの頃の、大正・昭和初期のそういうモダニズムというのも、いいなあと思います。
原　同潤会からさらに遡ると、小林一三が開発した箕面有馬電気軌道、今の阪急宝塚線沿線の住宅地に、すでに社交室があったんですよ。一戸建ての分譲住宅だけでは孤立しちゃうから、社交室には玉突き場、つまりビリヤード場まであった。そこで岩野泡鳴《ほうめい》が、勤めていた大阪の新聞社にも行かずに、ずっと玉突きしていて、しまいには新聞社を辞めてしまった。

重松　たぶん、「井戸端」会議という言葉が象徴するように、人が集まる時には何か「場」が必要なんですよ。でも、それは社交場のような大げさなものでなくてもいいと思う。例えば、移動販売車なんかが回ってくるような団地ってあるんですか？

原　昔は、だいたいどの団地もあったんです。あの移動販売っていうのは、わざわざ商店街まで行かなくてもいいし、産地直送というのが売りでした。千葉から獲れたてのハマグリが来るとか、山梨からブドウやモモが来るとか、北海道から牛乳や乳製品が来るとかですね。それがいつ頃からか、あまり見なくなりましたよね。

重松　ネットで買って宅配っていうのももちろん便利なんだけど、移動販売ってありだなと思うのが、そこにみんなが集まるじゃないですか。ちょっとした世間話ができる。それって意外と大事な気がするんです。

原　灯油の販売というのもありましたよね。オリジナルソングを鳴らしながら来るので、灯油だとすぐにわかるわけです。それから、石焼き芋。たまに屋台のラーメンがチャルメラ吹きながら来たりとかね。

重松　売る方もお得意さんの団地をいくつか持っていればペイするし、今日はあの人が顔を出してない、どうしたんだろう、と異状がわかるかもしれない。そういうところからでも始めないと、このままじゃ、本当に孤独死とか増える一方だなあと思うんです。

原　ああ、それはわかりますね。

重松　世の中とつながっているよ、生活してるよっていうサインを出し続けていけるシステムがないと、やばいんじゃないかなと。

原　それも先ほどおっしゃったように、機械に頼るんじゃない、人間の直接的なつながりにあくまでも依拠するようなシステムですよね。

重松　そうです。コストの問題でどこまでできるかわからないけれども、僕はかねがね自治体が宅急便と組んだらいいと思ってるんです。宅急便って郵便と違って、直接ハンコを捺してもらうから、それが一番確実なんじゃないかなと。対面商売というか、対面できる立場の人間が少しでもいたほうがいいと思うんですよね。

原　でも、届ける荷物がないと（笑）。

重松　それは毎週、市からのお知らせっていうのを宅急便で配ってしまう。

原　なるほど。

重松　宅急便を組み込むのはさすがに難しいかもしれませんが、移動販売車が近所に来て、昼下がりにおばあちゃんたちが出てきて、ちょっと話して、「じゃあ、また」って帰って行く。それだけでもだいぶ違うと思うんですよ。

原　香里団地でも、スーパーの品揃えが悪いので、香里ヶ丘文化会議が六一年に近郊の農業出荷組合と提携し、青空マーケットを作った。さすがにここまでやるのは珍しく、公団も団地の整然とした外観を損なうと批判したのですが、われわれの世代では、前にも話したように、集会所の前で『科学』と『学習』が売られていましたよね。

重松　お父さん同士だったら、バス停でバスを待ってる時間がちょっとあるわけじゃないですか。そんなにおしゃべりしなくても、顔見知りっていうだけでも、だいぶ違うと思いません？

原　乗るバスだって、だいたい時間が決まっていました。いつも一緒になる人もいた。

重松　だから、地方都市の方が恵まれないなと思うのが、みんな車で動いちゃうから、接点がないんですよ。何とかさんの家は白いカローラだってわかっていても、お父さんの顔はわからないままとか。さっきの多摩ニュータウンもそうだけど、車社会になって、顔が見えなくなって、いろんな面でのランドスケープが変わってきたなっていうのは感じます。

原　そうですね。逆に言うと、滝山団地はバスの利用者が多かった分、顔が見えていた。

重松　顔が見えるかどうかは、防犯の話にもつながると思うんですが。

原　防犯ということで言うと、最近はゲーテッド・コミュニティみたいなマンションもできているけれど、そういう形ではない共同性というものが、これからは見直されてくる気がする。

重松　自治会ごとセコムと契約して、警備員がいつも立っている、という形ではない防犯ですね。

原　そうですね。何度も言うけど、団地というのは、いろんな歴史的な蓄積があるわけじゃないですか、その蓄積を生かすような道というのはあると思うんですよ。

重松　「見守る」っていうのと「見張る」っていうのは、表裏一体なわけで。でも、どこかで落としどころを探さなきゃいけないわけじゃないですか。で、その時に四十年、五十年の歴史の蓄積というものが生きてくるんじゃないかなと、僕も思います。

住民の年齢層によっては、干渉してほしくないこともあるだろうけれど、ただ、高齢化が進む中で、見守る形での干渉にはどこまで可能性があるのかっていうのを、やっぱり考えなきゃいけないんだろうなとは思うんです。その時に監視カメラの嫌なところっていうのは、やっぱり機械なわけで、コミュニケーションじゃないんです。だから、コミュニケーションに支えられているまなざしは「見守る」になるけど、機械に任せると「見張る」になると思うんですよね。もちろん、むかしの五人組とか隣組みたいな相互監視システムなんていうのはダメなんだけども、それでも、どこかで落としどころっていうのを探していくんじゃないだろうか、探さないとヤバいんじゃないだろうかと思う。例えばこの先、民間のマンションで孤独死がいっぱい出てきた時に、資産価値が下がるからといって闇から闇へと葬られていくとか、そんなことも心配なんですよ。

団地は風景をシェアできる

重松　じつは、原さんとの対話に臨む前に考えていたことがあったんです。一戸建てを対比させるのか、それともマンションと対比させるのかで、団地の評価はそうとう変わると思ったんですよ。で、マンションと対比したときに、団地のメリットがいっぱい浮かんできたんです。同じ集合住宅でも、マンションにはなくて団地にあるものは何かと考えていくと、やっぱりメリットが見えてくるんですよ。団地の持っている共同性っていう。

原　そう、共同性。それは本来、両義的なものであって、「滝山コミューン」のような排他的なコミューンを生み出すこともあれば、マンションにはない温もりを生み出すこともある。あとは、やっぱり自然ですよね。

重松　自然でいくと、一戸建ての方には庭というメリットがあるけれども……。

原　ええ。でも、大邸宅ならまだしも、普通の一戸建てならば、団地の自然とは比べものにならないですよ。団地の自然は、さっき言ったように何十年もかけて育ってきたものです。常盤平もひばりが丘も多摩平も、棟と棟の間には芝生が広がっていて、四季折々の樹木が植わっているわけですね、春はジンチョウゲや桜、ツツジ、初夏はアジサイ、秋はモミジやイチョウというように、その豊かさはもう、一戸建ての庭の比じゃないんですよ。

重松　なるほど。一戸建て中心のニュータウンでも、さっきお話しした八王子のめじろ台あたりのように開発から三十年以上経っていると、庭木や街路樹がかなり貫禄をつけています。ところがまだ開発されたばかりのニュータウンに行くと、木々も小さい。

原　多摩田園都市でも、どんどん開発が進んでいるので、新しいところは街路樹がまだ若いから、貧弱なわけですよ。ところが、たまプラーザ団地や田園青葉台団地だと、四十年以上経ってるものですから、紅葉にしても色づき方が違う。

重松　不動産広告ではないけど、街にも成熟ってありますよね。団地にも、ニュータウンにも。案外その成熟って、早稲田の校歌じゃないけど、「集まり散じて人は変われど」というところなのかもしれない。自然というか、緑が醸し出す年輪というか。

原　田園青葉台団地からなかなか離れられなかったのも、駅前なのに、あれだけ四季折々の自然を感じさせるような場所は他にないというのがありました。

もう一つ、一戸建てに引っ越して、団地のどこが良かったかって思い出すと、四階に住んでいたので、眺めがやっぱり違った。山がよく見える。富士山が見えて、丹沢が見えて、箱根が見えて。そういう風景は、やっぱり団地ならではだと思いますね。

重松　借景ですよね。庭のように所有する必要はない。今はワークシェアとかカーシェアリングとか、シェアすることが大事だと言われるようになってきましたが、その意味では、風景をシェアするという発想も必要だし、そうなると景観をめぐる意識も変わってきそうな気がします。

原　いま住んでいる一戸建ての近くに、六階建てのマンションを作ろうとしていて、周りの一戸建ての住民がみんな反対しています。だけど、一戸建てというのは絶えずそういう不確定要素があるわけでしょう。隣が更地になってしまうと、そこに何が建つかわからないというリスクがある。だけど、団地はそういう心配がないでしょう。共同の土地としてあるわけだから、そこに何かが割り込んでくるっていうことはあり得ない。そういう意味での安心感がありますよね。

それから団地だと、団地の名称と地名とが一致しているわけでしょう。ひばりが丘や滝山のように、もともとあった地名が団地の名称に変わることもあります。前に触れたように、確かにURも建て替えると片仮名の名称に変えるけれど、「グリーンタウン美住」とか「サンラフレ百合ヶ丘」とか、もともとの地名を残すようにはしている。マンションの場合は名称がもっと抽象的な感じでしょう。そういうところに住んでいる人間の心理というのは、どういうものなのかっていうのは、ちょっと気になるんですけどね。

重松　土地や街から遊離してしまう。

原　そうです。ゲーテッド・コミュニティとして名高い世田谷の「東京テラス」や「マスタービュー・レジデンス」だって、名前を聞いただけではどこにあるのかわからない。

重松　そもそも、ニュータウンっていう言葉自体が横文字なわけで、日本語には翻訳できないものなんでしょうか。「田園都市」ではありませんよね。

原　田園都市は、「ガーデンシティ」ですよね。ニュータウンはどうかな。ソウル郊外には、ニュータウンを訳したと思われる「新都市」があるけれど、日本語にはなじまない。ニュータウンは、やっぱりニュータウンとしか言いようがないんだろうな。

重松　まさに多摩ニュータウンがいい例だけども、さっきの地名でいくんだったら、八王子でもあり、多摩でもあり、稲城でもあり、町田でもあるんだけれども、それをまとめて多摩ニュータウンという別個のものとしか捉えられなくなってしまう。

原　大阪では、千里ニュータウンがそうなんですよね。千里は豊中市と吹田《すいた》市にまたがっている。保谷、久留米、田無の三町にまたがるひばりが丘団地ですら、西武鉄道の機関紙『西武』はニュータウンと呼んでいた。逆に考えると、そういう広域にまたがる団地を、ニュータウンというふうに言おうとしたんじゃないか。

重松　その時に思うのが、責任の所在はどこにあるかということなんです。多摩ニュータウンで言えば、多摩市と八王子市と町田市と稲城市にまたがっています。その四つの市が横断的に多摩ニュータウン全体を考えているかと言ったら、そうではないと思う。多摩ニュータウンで孤独死を減らそうと思ったら、八王子に声かけ、多摩に声かけ、稲城や町田に声かけて、全体をまとめていくしかない。それはちょっと大変ですよね。それに対して、常盤平団地で松戸市と自治会が協力して孤独死を減らそうっていうのは非常によくわかるし、効果もあるだろうなと思うんです。

原　けっきょく、多摩ニュータウンはニュータウンとしてのアイデンティティを確立するのに失敗したんじゃないか。要するに、大きすぎたんですよ。ひばりが丘ぐらいだったら、まだ三町にまたがっていても、まとまりようがあったんです。

重松　都心へ通うベッドタウンとしてのアイデンティティしか持てなくなっちゃって、新宿まで快速で何分っていうところだけで売られるようになってしまった。

原　もっと悲惨な例が千葉ニュータウンですよね。あそこも船橋市や白井《しろい》市や印西《いんざい》市など、いくつかにまたがっているんですよ。北総鉄道に千葉ニュータウン中央という、多摩センターみたいな駅がありますが、多摩ニュータウン以上に入居者が少なくて、北総鉄道はもっと多くの乗客を見込んでいたのが、少なかったので運賃を高めに設定したまま、なかなか下げられない状態が続いています。

重松　路線建設の減価償却のための加算運賃ですよね。

原　そこから先は悪循環で、高いというイメージが先行して敬遠されて、いつまで経っても計画人口に達しない。しかしようやく、北総鉄道が印旛日本医大から延びて成田空港とつながり、京成が都心と空港を三〇分台で結ぶスカイアクセスという特急を走らせることで、値下げのメドが少し立ったようです。

重松　多摩ニュータウンでも、モノレールがなかなか開通しませんでした。しかも、できたと思ったら、利用客が予想よりずっと少なくて、廃止さえ噂されています。

原　そうですね。やはり赤字が膨らんでしまっている。モノレールというのは、意外と乗り換えが面倒なんですよね。多摩センターの駅も高幡不動の駅も京王線の駅から遠いし、立川に至ってはJRの駅の北側と南側にそれぞれモノレールの駅があるのに、どちらも乗り換えには時間がかかります。愛知県小牧市にも、桃花台というニュータウンに行くモノレールがあったけれど、ここもけっきょくニュータウンの人口が増えなかった。予想よりも少なかったことによって、廃止されてしまった。

重松　そのシミュレーションって、少子化のシミュレーションと同じように、そうとう甘かったんでしょうか。

原　そうです。かなり希望的な観測だった。

重松　考えてみれば、少子化ということで、いろんなものの前提が外れるわけですね。

原　そうそう。ただ、一方で田園都市線沿線のように、まだ子供の人口が増え続け、新しい小学校ができているところもあるわけですよ。だからそれは、必ずしも普遍的な現象ではないわけです。

重松　勝ち組・負け組に分かれてしまったと。

原　すごくはっきりしてきていて。それが今、露骨に出てきている。

これからは西武線が盛り返す

重松　それを思うと、西武線は今、どうですか？

原　これからは西武線が盛り返してくるのではないでしょうか。運賃で比較してみても、東急と西武って、東急の方が若干安いぐらいで、ほとんど同じでしょう。でも混雑率は全然違う。二〇〇八年度のラッシュ時の混雑率は、東急田園都市線が一九一パーセントに達するのに対して、西武新宿線は一六一パーセントです。しかも田園都市線は相互乗り入れの影響もあってしょっちゅう遅れるけれど、どこにも乗り入れない西武新宿線のダイヤは正確です。少なくとも、田園都市線沿線に住んでいるお父さんの本音は、地価の安い西武新宿線沿線に引っ越したいのではないでしょうか。それに西武は特急、快速急行、急行、準急など種別も多い。例えば青葉台から渋谷まで、どんなに早くても二五分かかるわけですよ。そうなると、所沢から急行で池袋に出るのと変わらない。いや、所沢だと特急もあって、池袋まで二一分で行ける。あとはイメージだけで。インフラの要件は、ほとんど同じですからね。

重松　なるほど。

原　北総鉄道はその点、明らかに落ちるんですよ。運賃は高いし、本数は少ないしね。だけど、西武と東急では、そんなに違いはないですからね。

先ほどから、団地というのは見直されてくるんだっていう話をしていますよね。同時にこの対談では、東急的郊外と西武的郊外を比較してきたわけだけれども、今までは確かに東急的郊外の方がいいように見えましたよね。だけど、これからもう一回、西武的郊外が見直されてくるというのは充分にあると思いますよ。

重松　こうして原さんにレクチャーしてもらうと、僕の中でもニュータウンがどんどん分が悪くなってきました（笑）。確かに、団地の持っている歴史的な蓄積は、ニュータウンと比較して大きなアドバンテージになっていると思います。

　でも、ニュータウンのロードサイドや大型ショッピングセンターの存在そのものは、僕は決して悪くないと思っています。実際にそれを必要としている世代の住民もいるわけですし。ただ、問題は、ニュータウンの場合、規模が大きいぶん、ビジネスの論理というものが強く出てしまう。マンションなどの分譲価格の高騰や下落もそうだし、ショッピングセンターができると駅前の商店街がシャッター通りになり、そのショッピングセンターも儲からなくなったら撤退して、あとには広大な廃墟だけが残る……そういうオール・オア・ナッシングのところが、けっきょく、街そのものを破壊してしまうんだと思います。これは地方都市も同じなんじゃないでしょうか。

　だから、なんとかして両立を図っていかなければならないんだと思います。商店街とショッピングセンター、車の生活と車を使わない生活、老人世代と若い世代……。それこそ、昔ながらの商店街に「共栄会」なんていう名前がついていたように、共存共栄のできる道を探っていくことが必要だと思うんですよ。もちろん、これは、地方都市出身者で、それなりに思い入れを持ってニュータウンと付き合ってきた人間の理想論なんですが。

原　ただ、地方都市と東京の違いとして、鉄道が持っている強さってあると思うんですよ。つまり、東京では鉄道が都心から放射状に発達してきた。今はつくばエクスプレスまであって、東京湾の部分を除けば、ほぼすべての方向に延びていくような発達の仕方をしている。さらに滝山団地のように、駅から路線バスもどんどん出ているというような、東京の交通網の根強さはすごくあると思っています。いくら滝山団地の人口が減ったといっても、西武新宿線が不便になるわけではないし、西武バスの本数だって減っていないわけだし。

戦前以来、着々と整備されてきた鉄道のネットワークの持っている根強さというものが、ある意味で、国道一六号線に代表されるようなロードサイド郊外とか、北田暁大さんの言う「ジャスコ化」の流れを食い止めているような気がするんです。

重松 放射状の鉄道網が、環状道路に広がるジャスコ化する。あるいは、そういう地域にこそロードサ
原 そう。だから鉄道網の弱い地域がジャスコ化を食い止めていると。

重松 放射状の鉄道網が、環状道路に広がるジャスコ化を食い止めていると。

原 そう。だから鉄道網の弱い地域がジャスコ化する。あるいは、そういう地域にこそロードサイド的郊外が根を張る余地があるとは言えないでしょうか。

重松 放射っていうのは、遠くなるほど広がっていくから……。

原 そうそう。だんだん網の目が粗くなってくるし、鉄道があっても本数が少なくて車に代わる交通手段にならなくなりますからね。

重松 広い隙間がどんどんロードサイド郊外になっていくわけですね。

原 そうです。戦後の日本というのは、大都市の鉄道網が充実していく反面、地方ではどんどん鉄道が消えていった。九州の筑豊だってそうじゃないですか。要するに国鉄のローカル線や中小私鉄がどんどん消えていったことと、今の話はリンクしているわけです。

重松 そうか、それを思うと、団地の時代が国鉄の時代と重なることは無視できないわけですよね。そして最初の対話にも出てきましたが、団地で育った原さんや、オトナになってニュータウ

ンを生活の場にした僕が、新幹線とSLの入れ代わりの世代だったことも、今のお話と関わり合いがありそうな気がします。

原　だから、団地が持っていた価値というものを見直すんだったら、同時に鉄道が持っている価値をも見直さなければならなくなる。

重松　やっぱり最後は原さんらしく、鉄ちゃんの話になりましたね（笑）。

あとがき

原 武史

重松清さんは、私が心から尊敬する作家の一人である。しかし、早くから作家としてデビューされていたので、私よりずっと年齢が上だと思っていた。実は同学年だと知ったのは、それほど古いことではない。

対談でも触れたように、私が『滝山コミューン一九七四』を書くにあたって、常に念頭にあったのは、重松さんのニュータウンを舞台とする小説であった。地方都市を転々とし、大学に入学するときに初めて上京した重松さんだからこそ、実際に郊外に住んでいたときの体験を客観化し、ニュータウンを冷静に見つめることができる。そこには、幕末に初めて日本を訪れた外国人が残した日記や旅行記に通じるまなざしがあると感じた。

私はずっと、東京郊外の団地で育った。四十年以上にわたって団地で暮らしてきたという人は、秋山駿さんを除いて、私の回りにはいない。団地を軸に戦後思想史をとらえ直すという試みは、個人的な体験から発している。重松さんとは違って、団地はすでに自分の身体の一部のようになっており、それを客観化することはなかなかできないが、団地にしか住めなかった人間にこそ書けるものがあるのではないかと考えたのである。

この試みに最も熱心に耳を傾けてくださったのが、重松さんであった。これ以上の僥倖があろうか。

学者という職業柄、私は常に、学界で誰もまだ手をつけていない領域に手を伸ばしてみたいという野望をもっている。住宅と思想史を結び付けるという着想もその一つである。それは私が提唱している「空間政治学」構想の一環をなしている。しかし作家は常に、学者よりはるかに鋭い感性をもって、ずっと早くから、学者の考える問題を扱った作品を世に問うてきた。松本清張もそうだし、重松さんもそうだ。

そのような認識をもって、私は重松さんとの対談に臨んだ。

二人の対談は、「対話のまえに」が私の勤務校である明治学院大学横浜校舎で開催された公開セミナー「『政治思想』の現在」の一環として行われたほかは、すべて都心を一望できる新宿南口のホテルの高層階で行われた。

対談はいささかの緊張をはらみながらも、同学年どうしならではの体験が絡み合い、刺激に満ちたものになった。時に三時間を超えることもあったが、これほど心地よい疲労感に包まれた対談も珍しかった。学者というのは、どうしても集めた史資料で書かれた細かな「事実」にばかり目が向きがちになる。だが重松さんは、はるかに大きな視野のもと、団地をとらえようとしている。対談の最中、私は重松さんの何げない一言に思わずはっとさせられ、自らの見方の偏りに気づかされることも一度や二度ではなかった。

重松さんが私に教えを乞うように見える箇所でも、実は私のほうが重松さんに教えられていたのだ。対談が終わったいま、そうしみじみ実感する。

対談のセットアップ、録音、編集など、一連の作業を担当されたのは、新潮選書編集部の中島輝尚編集長である。大学のゼミの同期生である中島さんがいなければ、そもそも重松さんとの対談本を出すという企画自体が成り立たなかったに違いない。大学時代から変わらない私の性格を知り抜いた中島さんは、いまや私にとってかけがえのない編集者の一人となっている。これもまた、私にとっての僥倖にほかならない。

【年表・団地の時代】

1955（昭30）　自由民主党結成と日本社会党再統一、五五年体制のスタート
日本住宅公団、設立。日本住宅公団法公布、施行
神武景気の始まり
1956（昭31）　日ソ共同宣言
協同乳業、日本初のテトラパック牛乳発売
「経済白書」で「もはや戦後ではない」と宣言
1957（昭32）　日本住宅公団が入居者初募集（稲毛、金岡）。稲毛団地で公団初の入居開始
光ヶ丘団地完成（千葉県柏市）。「ニュータウン」の呼称が初めて使われる
建設省の住宅建設五カ年計画。毎年五〇万戸を建設と
1958（昭33）　テレビ受信契約数、一〇〇万突破
武蔵野緑町団地ほかに初の1DK住宅が完成
『週刊朝日』記事に「団地族」という言葉が登場。「団地族」人口が一〇〇万人を超える
久米川団地（賃貸、九八六戸）、入居開始
多摩平団地（賃貸、二七九二戸）、入居開始
香里団地（賃貸、四八八一戸）、入居開始
1959（昭34）　『週刊少年マガジン』『週刊少年サンデー』創刊
ひばりが丘団地（賃貸、二七一四戸）、入居開始
皇太子ご成婚パレード
ひばりが丘団地主婦の会、誕生
電気洗濯機年産一〇〇万台を超える

1960（昭35）日米安全保障条約改定
常盤平団地（賃貸、四八三九戸）、入居開始
ひばりが丘民主主義を守る会、誕生
東京芝浦電気、日本初のカラーテレビ発売
香里ヶ丘文化会議、誕生。多田道太郎、樋口謹一らが参加
皇太子夫妻（当時）、ひばりが丘団地を視察
1961（昭36）西武鉄道の運賃値上げに反対する沿線住民の運動が始まる
原家、名古屋の虹ヶ丘団地から東京・ひばりが丘団地へ転居
1962（昭37）赤羽台団地（賃貸、三三七三戸）、入居開始
テレビ受信契約者数、一〇〇〇万突破
常盤平団地自治会、結成
全国の都市ガス需要家庭が五〇〇万戸超える
原武史、東京都に生まれる
草加松原団地（賃貸、五九二六戸）、入居開始
1963（昭38）ボウリングブーム始まる
大阪・千里ニュータウン建設始まる
マンション建設も活発、第一次マンションブーム
重松清、岡山県に生まれる
1964（昭39）東海道新幹線開業
東京オリンピック開催
重松家、大阪から名古屋へ転居

1965(昭40) 日韓基本条約調印
原家、ひばりが丘団地から久米川団地へ転居
1966(昭41) 総人口が一億人を突破
いざなぎ景気
中国で文化大革命始まる
武里団地(賃貸、五五五九戸)、入居開始
村山団地(賃貸、五二六〇戸)、入居開始
東急田園都市線、溝の口‐長津田間開業
公団の賃貸住宅一九一九二五戸、普通分譲七二四八戸
佐藤栄作首相、常盤平団地を視察
「ウルトラマン」放映開始
1967(昭42) 田園青葉台団地(分譲、四三六戸)、入居開始
全学連運動激化
1968(昭43) たまプラーザ団地(分譲、一二五四戸)、入居開始
東急田園都市線、長津田‐つくし野間開業
滝山団地(賃貸、一〇六〇戸)、入居開始
1969(昭44) アポロ11号、月面着陸
滝山団地(分譲、一三六〇戸)、入居開始
滝山団地(特別分譲、七六〇戸)、入居開始
原家、久米川団地から滝山団地へ転居
1970(昭45) 大阪で日本万国博覧会開催

1971（昭46）沖縄返還協定調印
ニクソンによるドルショック
重松家、名古屋から米子へ転居
多摩ニュータウン諏訪団地（賃貸五四一戸、特別分譲六四〇戸）、入居開始
多摩ニュータウン永山団地（賃貸、三〇三二戸）、入居開始
多摩ニュータウン永山団地（特別分譲、五九〇戸）、入居開始
1972（昭47）高島平団地（賃貸、八二八七戸）、入居開始
連合赤軍による集団リンチと浅間山荘人質事件
山陽新幹線、新大阪-岡山間開業
高島平団地（分譲、一八八三戸）、入居開始
田中角栄首相「日本列島改造論」
日中国交回復・共同声明
1973（昭48）上尾事件
第一次オイルショック
1974（昭49）小田急多摩線、新百合ヶ丘-小田急永山間開業
京王相模原線、京王よみうりランド-京王多摩センター間開業
田中首相、金脈問題に倒れ、三木武夫首相に
戦後初のマイナス成長
重松家、米子から小郡へ転居
1975（昭50）ベトナム戦争終わる
山陽新幹線、博多まで開通

1976（昭51）原家、滝山団地から横浜・田園青葉台団地へ転居
多摩ニュータウン貝取、豊ヶ丘、落合団地（分譲）、入居開始
多摩ニュータウンに小学校が四校開校
1977（昭52）ロッキード事件、田中元首相逮捕
赤軍派による日航機ハイジャック事件
1978（昭53）日中平和友好条約調印
第二次オイルショック
1979（昭54）大平・福田・三木の四十日抗争
1980（昭55）大平首相急死で鈴木善幸首相へ
金属バット尊属殺人事件
1981（昭56）重松清、上京。早稲田大学へ進学。原武史、早稲田大学へ進学。
日本住宅公団と宅地開発公団が統合、住宅都市整備公団、設立。
1982（昭57）中曽根康弘首相。行財政改革・税制改革・教育改革
日航機、羽田沖に墜落
1983（昭58）光が丘団地（東京都練馬区）、入居開始
東京ディズニーランド開園
東京地裁、田中元首相に実刑判決
1984（昭59）グリコ・森永事件
多摩市内の公立小学校の児童数、一三八七六名となりピーク
1985（昭60）日航ジャンボ機、御巣鷹山に墜落
電電公社、専売公社民営化

1987（昭62）国鉄民営化
1989（昭64・平成元）昭和天皇、崩御
1990（平2）バブル崩壊、株価下落
1991（平3）地価下落
1993（平5）ゼネコン汚職事件
1995（平7）阪神淡路大震災
地下鉄サリン事件
1996（平8）多摩市永山地区の四小学校が二小学校に統合
1997（平9）神戸で小学生殺傷事件
1998（平10）和歌山でカレー毒物混入事件
1999（平11）住宅都市整備公団、都市基盤整備公団に改組
2001（平13）アメリカで9・11同時多発テロ事件、英米軍がアフガニスタン空爆
2004（平16）都市基盤整備公団と地域振興整備公団の地方都市開発整備部門が統合、都市再生機構（UR）、設立
2005（平17）JR西日本・福知山線で脱線事故
2007（平19）参議院で民主党が第一党に
2009（平21）衆議院で民主党が第一党、鳩山由紀夫首相
2010（平22）多摩ニュータウン諏訪二丁目団地（分譲、六四〇戸）、一括建て替えを決議
政府の行政刷新会議による「事業仕分け」で、都市再生機構（UR）の賃貸住宅事業について「縮減」との結論

※本書では賃貸、分譲を問わず、表記を団地に統一した。

新潮選書

団地《だんち》の時代《じだい》

著　者……………原《はら》武史《たけし》　重松《しげまつ》清《きよし》

発　行……………2010年5月25日

発行者……………佐藤隆信
発行所……………株式会社新潮社
〒162-8711 東京都新宿区矢来町71
電話　編集部03-3266-5411
読者係03-3266-5111
http://www.shinchosha.co.jp
印刷所……………株式会社光邦
製本所……………株式会社植木製本所

乱丁・落丁本は、ご面倒ですが小社読者係宛お送り下さい。送料小社負担にてお取替えいたします。
価格はカバーに表示してあります。

ISBN978-4-10-603657-6　C0395